图解指数基金
极简投资策略

李世忠 著
裴俊飞 绘

机械工业出版社
CHINA MACHINE PRESS

本书穿插了180多张好看、有趣的原创手绘插图，开创性地用图解形式讲解指数基金，情景式呈现指数基金的投资原理和投资策略，读者可像看漫画书一样阅读本书，在轻松有趣的阅读中学习投资。

本书从选择指数与选择指数基金两个层面，系统讲解指数基金的选择及投资策略。本书共分为两个部分，第一部分内容主要讲解各种常见的指数及指数基金，第二部分为本书的核心内容，介绍指数基金的投资策略，内容涵盖如何评估指数优劣、如何选择优质指数基金、如何构建指数基金的组合投资、如何提高投资收益率、如何规避投资风险等。

通过阅读本书，读者可以在数目众多的指数基金中快速地剔除跟踪误差较大的指数基金，同时选出成长性较好的指数基金，实现超额收益。

图书在版编目（CIP）数据

图解指数基金：极简投资策略 / 李世忠著；裴俊飞绘.
—北京：机械工业出版社，2020.6
ISBN 978-7-111-65630-2

Ⅰ.①图… Ⅱ.①李… ②裴… Ⅲ.①指数–基金–投资–图解 Ⅳ.①F830.59-64

中国版本图书馆CIP数据核字（2020）第084431号

机械工业出版社（北京市百万庄大街22号 邮政编码100037）
策划编辑：曹雅君　责任编辑：曹雅君
责任校对：郭明磊　封面设计：马书遥
责任印制：孙　炜
保定市中画美凯印刷有限公司印刷

2020年6月第1版·第1次印刷
145mm×210mm·8印张·152千字
标准书号：ISBN 978-7-111-65630-2
定价：68.00元

电话服务　　　　　　网络服务
客服电话：010-88361066　机　工　官　网：www.cmpbook.com
　　　　　010-88379833　机　工　官　博：weibo.com/cmp1952
　　　　　010-68326294　金　书　网：www.golden-book.com
封底无防伪标均为盗版　机工教育服务网：www.cmpedu.com

前言 实现长期盈利

股市中一直存在着"一赚一平八赔"的现象，也就是说100个人里有80个人是亏损的，10个人是持平的，10个人可以赚钱。显然，大部分投资者在亏损。

所以可以说，普通人很难在股市中赚到钱，大多以亏损割肉收场。巴菲特曾不无痛心地剖析投资者亏损的原因，就是"买入卖出过于频繁""根据小道消息和市场趋势来投资"或者"盲目追涨杀跌"。

巴菲特多次告诫普通人投资指数基金，认为"对于绝大多数没有时间研究上市公司基本面的中小投资者来说，成本低廉的指数基金是他们投资股市的最佳选择"。

1976年，世界上第一只指数基金先锋500指数基金诞生，其创立者是先锋集团的创始人约翰·博格。先锋500指数跟踪美国标普500指数，投资标普500指数的基本逻辑就是押注美国的整体经济走势。

指数基金的产生造就了美国证券投资业的革命，迫使众多竞争者设计出低费用的产品迎接挑战。

指数基金的运作原理是基金复制指数成分股，简化的投资组合使基金管理人不用频繁地择股换股，也不用选择股票或者确定市场时机。因此，从长期来看，其投资业绩优于其他基金。

巴菲特甚至认为，"通过定期投资指数基金，一个什么都不懂的业余投资者竟然能够战胜大部分专业投资者"。

2008年金融危机期间，对冲基金经理泰德·塞德斯和巴菲特打赌，看未来10年谁的投资收益高，他们打赌的金额是100万美元。

巴菲特选择了美国先锋集团旗下基于标普500指数的保守风格股票配置；塞德斯利用集团的五只基金投向其他对冲基金。

截至2018年，以巴菲特胜出结束了这一赌局。塞德斯选择的五只基金开端良好，在2008年都跑赢了指数基金，但是在随后的九年里，这五只基金作为一个整体，每年都落后于指数基金。

从长期来看，指数基金可以获得良好的收益。

投资指数基金省心、省钱已经是众多投资者的共识，可是同样投资指数基金，甚至投一样的指数基金，也会有的人赚钱、有的人亏钱。其实，问题就出在指数基金的投资操作上，如何选择指数基金成为摆在投资者面前的首道难题。

在当前的金融市场上，指数基金越来越多。根据WIND的数据显示，截至2019年10月底，就已新发行289只指数基金，可谓盛况空前。

面对众多的指数基金，投资者应该如何选择呢？

本书从选择指数与选择指数基金两个层面，系统讲解指数基金的选择及投资策略，内容涵盖指数的分析与评估、指数基金的跟踪误差分析与收益率评估以及如何帮助投资者筛选业绩斐然的指数基金。

通过阅读本书，读者可以在数目众多的指数基金中快速地选出跟踪误差较小的指数基金，同时选出成长性较好的指数基金，实现超额收益。

本书还用大量篇幅讲解定投指数基金的策略，定投组合的建立、基金的选择、时间的设置、止盈的设置，通过定投指数基金帮助投资者最大程度地降低投资风险、优化投资组合。

为了将枯燥乏味的投资知识变得生动有趣，为了让投资基础知识薄弱的普通人直观感受到指数基金的魅力，我们在书中穿插了180多张好看有趣的原创手绘插图，开创性地用图解的形式讲解指数基金，情景式呈现指数基金的投资原理和投资策略，读者可以像看漫画书一样阅读本书，在轻松有趣的阅读中学习投资。

通过阅读本书，读者可以感受指数基金的魅力，建立指数基金投资组合，跑赢大盘，实现超额收益，像投资大师一样成为投资长跑冠军，实现财务自由。

作者

目录

前言 实现长期盈利

第 1 章 指数基金，普通人的投资利器

巴菲特力荐投资指数基金 / 003
指数基金的起源与发展 / 006
指数基金的投资优势 / 011
特殊品种：ETF 与 LOF / 017

第 2 章 宽基指数与窄基指数

A 股市场指数体系 / 023
宽基指数及对应的指数基金 / 030
窄基指数 / 042

第3章 策略指数

红利指数 / 055
基本面指数 / 058
低波指数 / 062

第4章 ETF 指数基金

特殊的指数基金——ETF / 067
封闭式交易——二级市场交易 ETF / 069
ETF 开放式交易流程 / 075
单市场 ETF 和跨市场 ETF / 083
杠杆 ETF / 090
ETF 投资策略 / 100

第5章 筛选高收益指数基金

指数编制原理 / 111
选择被低估的指数 / 116
分析筛选指数 / 119
指数基金与指数间的偏差 / 125
指数的估值 / 135
选择优质指数基金 / 152
分类筛选指数基金,做到优中选优 / 158

第6章 指数基金投资策略

配置表现好的行业，剔除表现不佳的行业 / 163
大盘股与小盘股之间不断切换 / 165
渔网交易策略 / 167
分批次买入 / 170

第7章 定投指数基金，获得长期超额收益

基金定投，零存整取的投资策略 / 175
定投适合的人群 / 181
适合长期定投的指数基金 / 188
考察定投的指数基金 / 192
止盈策略 / 199
定投策略 / 206

第8章 指数基金投资组合

投资组合有效分散风险 / 215
投资组合的基本理念 / 219
大中小盘的组合投资 / 223
宽基指数与主题指数组合投资 / 226
其他指数组合 / 229
估算预期收益 / 231
随时调整投资组合 / 236
基金的资产配置 / 240

第 1 章

指数基金,
普通人的投资利器

　　运作指数基金最关键的因素是选择标的指数以及对标的指数的走势进行分析,而不是频繁地进行主动性投资。

　　指数基金管理人的主要任务只是监测标的指数的变化情况,并保证指数基金的组合构成与之相适应,有效地控制跟踪误差。

图解指数基金
极简投资策略

巴菲特力荐投资指数基金

对于指数基金的赞誉特别多,例如"指数基金可以轻松跑赢通货膨胀率;长期定投指数基金的年化平均收益一般在10%左右;定投指数基金可以跑赢市场90%的基金经理;指数基金和GDP增长率趋同;指数基金具有管理费用更低的优势"等。

早在1993年,巴菲特就第一次推荐指数基金,称"通过定期投资指数基金,一个什么都不懂的业余投资者竟然往往能够战胜大部分专业投资者"。

在2014年的伯克希尔-哈撒韦公司股东大会上,巴菲特在致股东的信中毫不避讳地回应称,若立遗嘱,其名下90%的现金将让托管人购买指数基金;另外,对于伯克希尔股票,在巴菲特过世以后,每一股都将被分配到五个基金会里超过10年之久,并要求受托人不出售任何伯克希尔的股票。显然,巴菲特对于伯克希尔公司依然满怀自信,长期看好;但是对于他将来留下的现金,则建议购买指数基金。

巴菲特多次在公开场合建议中小投资者投资指数基金，强调对于绝大多数没有时间研究上市公司基本面的中小投资者来说，成本低廉的指数基金是投资股市的最佳选择。

2007年，巴菲特在接受CNBC电视台采访时也强调，对于绝大多数没有时间研究上市公司基本面的中小投资者来说，成本低廉的指数基金是他们投资股市的最佳选择。

在2004年致股东的信中，巴菲特不无痛心地剖析许多投资者跑输大盘的原因，包括"买入卖出过于频繁""根据小道消息和市场趋势来投资"或者"盲目追涨杀跌"等，进而说服投资者重视指数基金的作用，轻松分享所有企业创造的优异业绩，而不是创造惨不忍睹的投资回报。

第 1 章
指数基金，普通人的投资利器

对于普通投资者来说，更需要深刻了解自己的局限性，与其选错股票、选错买卖时点、做短线交易徒增交易成本，还不如退而寻求次优方案，选购一只表现出色的主动投资基金或定期购买指数基金，从而克服这些弱点，更好地获得市场上涨收益。

巴菲特所推崇的指数基金到底可以给投资者带来多少收益呢？我们可以从中美两个国家证券市场的有关数据来进行分析。

美国在2006—2015年的标普500指数平均每年增长10.66%，而中国同期的上证综合指数平均每年增长14.97%。

这些数据表明，指数的增长幅度要远高于大多数普通投资者包括机构投资者进行主动操作获得的累计收益。当然，上述两组数据只是历史数据，并不能代表未来证券市场的收益。

指数基金的起源与发展

1976年,世界上出现第一只指数基金,也就是先锋集团的先锋500指数基金,跟踪美国标普500指数。投资标普500指数的基本逻辑就是押注美国的整体经济走势。从长远来看,美国经济基本上是走高的。

说起第一只指数基金,就不得不提及一个人——约翰·博格,他就是先锋500指数基金的发行人,也是先锋集团的创始人、董事长,被誉为"指数基金之父"。《财富》杂志将约翰·博格列为20世纪四大投资巨头之一。

指数基金的产生引发了美国证券投资业的革命,迫使众多竞争者设计出低费用的产品迎接挑战。

第 1 章
指数基金，普通人的投资利器

到了 20 世纪 70 年代后期，才有一些年金基金，部分地改变了人们对指数投资的看法。

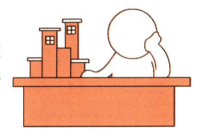

进入 20 世纪 80 年代以后，美国股市日渐繁荣，指数基金逐渐开始吸引了一部分投资者的注意力。

直到 20 世纪 90 年代以后，指数基金才真正获得了巨大发展。1994—1996 年是指数基金取得成功的三年。1994 年，标准普尔 500 指数增长了 1.3%，超过了市场上 78% 的股票基金的表现；1995 年，标准普尔 500 指数取得了 37% 的增长率，超过了市场上 85% 的股票基金的表现；1996 年，标准普尔 500 指数增长了 23%，又一次超过了市场上 75% 的股票基金的表现。

三年加在一起，市场上 91% 的股票基金的收益增长率低于标准普尔 500 指数增长率,指数基金开始在投资者的心中树立起良好的形象,也获得了基金业的广泛注意,指数化投资策略的优势开始明显地显现出来。

经过 20 多年的快速发展,美国的指数基金已经发展成一个规模庞大、种类丰富的基金业分支。现在,美国最成功的指数基金管理人为先锋(Vanguard)和 DFA(Dimensional Fund Advisors)。

现在,美国的各家基金管理公司,包括富达(Fidelity)、美林(Merrill Lynch)和追发(Dueyfus)等著名基金管理公司,基本上都管理着一只或多只指数基金。

在我国证券市场上,指数基金同样获得了迅猛发展。

2002 年 6 月,在上证所推出上证 180 指数仅半年之后,深交所也推出深证 100 指数。之后,国内第一只指数基金——华安上证 180 指数增强型基金面市。2003 年年初,又一只紧密跟踪上证 180 指数走势的基金——天同上

第 1 章
指数基金，普通人的投资利器

到目前为止，美国证券市场上已经有超过 400 种指数基金，而且每年还在以很快的速度增长，指数基金的创新品种 ETF 也在以惊人的速度增长。

如今在美国，指数基金类型不仅包括广泛的美国权益指数基金、美国行业指数基金、全球和国际指数基金、债券指数基金，还包括成长型、杠杆型、反向指数基金和交易所交易基金。

证 180 指数基金也上市发行。

从 2002 年国内第一只指数基金诞生，A 股指数基金已经发展近 20 年，市场上指数基金的数量越来越多，种类也越来越丰富。

据 WIND 数据显示，截至 2018 年年底，全市场共有五家基金公司的指数基金管理规模超过 500 亿元。其中，华夏基金旗下指数基金管理规模达 1224 亿元，是全市场唯一一家指数基金管理规模超千亿元的基金公司。2018 年，华夏基金旗下指数基金管理规模共增加364亿元。

2018年，指数基金逆市大扩容，成为最为火爆的产品类型之一。2019年上半年，指数基金仍旧保持迅猛增长势头，成为各类基金中规模增速最快的一类基金。其中，华夏、易方达、南方基金三大基金公司继续领先于其他基金公司。

截至2019年第三季度末，我国金融市场上的683只指数基金资产规模突破一万亿元（不计ETF联接基金）。

指数基金的投资优势

指数基金之所以在我国乃至全球迅猛发展，得益于它独有的投资优势。

在讲解指数基金的投资优势前，我们先讲讲什么是基金、什么是主动基金以及什么是被动基金。

基金就是由经过审批成立的基金管理公司募集众多投资者的资金，从事股票、债券等金融工具投资，然后共担投资风险、分享收益。

根据基金经理操作风格的不同，基金分为主动型基金和被动型基金。

主动型基金是指基金管理人根据对未来的预测而主动选择股票进行投资并构建投资组合，其期望是获得超过市场的平均回报。

被动型基金是指基金经理复制某个指数的成份股,基金经理不需要用基本分析法来寻找价值低估的股票,也不用技术分析法来预测股票。

指数基金是一种典型的被动投资方式,它以特定指数为标的,并以该指数中的成份股为投资对象,通过购买该指数的全部或部分成份股构建投资组合,以追踪标的指数表现的基金产品。

大部分投资者主观上都存在一个误区,认为主动选股的基金一定比指数基金投资收益更好。

先锋集团的创始人约翰·博格曾说:"如果你投资主动型基金,其中隐含的原因是你认为基金经理会提前采取措施应对市场下跌。你不会期待指数基金做这事情,不管市场如何波动,指数基金都会给你合理的市场回报。然而在经济(金融)危机实际发生的时候,主动型基金经理并没能保护投资者。"

相比主动型基金,指数基金的优势有以下四个。

第 1 章
指数基金，普通人的投资利器

指数基金的四大优势
- 管理费用低
- 降低非系统性风险
- 风险具有可预见性
- 程序化交易减少人为干预

（1）管理费用低。由于指数基金采取的是跟踪指数的指数化投资策略，基金管理人不必对股票的选择和投资时机的把握进行分析和研判，因此可以大大减少管理费用。

同时，由于指数基金在较长时间内采取的是持有策略，所以其交易成本也远低于其他类型的非指数基金。

（2）降低非系统性风险。综合型指数基金可以完全分散股票的非系统性风险，行业型指数基金则可以充分分散行业内的非系统性风险，任何一只股票的价格波动都不会对指数基金的整体表现产生很大的影响。

（3）风险具有可预见性。通过对标的指数历史数据的分析，可以较好地预测指数基金的变化趋势，从而可以使指数基金避免遭受到不可预测的风险。

（4）程序化交易减少人为干预。指数基金运作最关键的因素是标的指数的选择以及对被选择的标的指数的走势进行分析，而不是频繁地进行主动性投资。

指数基金管理人的主要任务只是监测标的指数的变化情况，并保证指数基金的组合构成与之相适应，有效地控制跟踪误差。

场内指数基金和场外指数基金

以交易场所来划分，指数基金可以分为场内指数基金和场外指数基金。

第 1 章
指数基金，普通人的投资利器

场内指数基金是指在证券公司开立沪深股东账户，即可在证券公司营业部或证券公司网站买入、卖出基金，由于场内交易价格受供求关系的影响，始终围绕着基金净值上下波动，这样就可以有机会折价买入、溢价卖出。

场内指数基金的交易方式、交易原理和股票大致相同，场内交易价是实时的，即当时购进的价格是多少就是多少，投资者低买高卖获得差价收益。

场内指数基金和场外指数基金的交易方式不同，简单来说，场内指数基金就是可以像股票交易一样，在交易所进行公开直接交易，主要品种就是各类 ETF 基金（ETF 也可以场外交易），还有我国特有的 LOF 基金（LOF 也可以场外交易）。

场外指数基金是指不在交易所进行交易，而是在基金销售平台，比如微信理财通、支付宝、天天基金等平台上进行买卖的基金。

场内指数基金和场外指数基金的区别

区别	场内指数基金	场外指数基金
交易场所不同	可以在交易所（场内市场）进行基金份额申购、赎回和交易，和封闭式基金、股票交易手法一样，可以通过低买高卖赚取差价	只能在交易所以外（如银行、基金公司、代销机构）进行基金份额申购和赎回
交易方式不同	场内指数基金既可以和场外基金一样进行申购和赎回，也可以和股票一样在二级市场内进行交易。场内指数基金可以申购后在二级市场进行卖出，也可以在二级市场进行买入后在一级市场进行赎回	场外指数基金只能进行申购和赎回，没有交易功能，其中LOF基金可以转入场内进行交易。场外指数基金可以进行定投，但是场内指数基金无法进行定投
交易所需账户不同	场内指数基金只能通过股票账户进行申购赎回和交易	场外指数基金可以通过基金公司账户、银行柜台、代销平台等账户进行买入
分红方式不同	场内指数基金只能选择现金分红，不能选择红利再投	场外指数基金分红选择再投资
到账时间不同	场内指数基金交易很迅速，一般当天卖出，资金立刻就能返回到账户中，第二天可以提现	场外指数基金交易慢一些，一般赎回后要数日到账
交易费用不同	场内指数基金的交易成交价格就是当时交易的实时价格；交易费用要低一些，一般场内的基金交易手续费在0.03%左右	场外指数基金的交易费用要比场内略高一些。在银行交易，交易费用为1%~1.5%，App为0.1%~0.15%

特殊品种：ETF 与 LOF

在种类繁多的指数基金中，ETF 和 LOF 无疑是两个备受投资者欢迎的品种。当前，ETF 是指数基金规模增长的主力。以华夏基金为例，其在 2018 年的 ETF 管理规模共计 931 亿元，位居行业首位。

ETF 属于开放式基金的一种特殊类型，它结合了场内指数基金和场外指数基金的运作特点，投资者既可以向基金管理公司申购或赎回基金份额；同时，又可以像封闭式基金一样在二级市场上按市场价格买卖 ETF 份额。不过，申购赎回必须以一篮子股票换取基金份额或者以基金份额换回一篮子股票。

由于同时存在二级市场交易和申购赎回机制，投资者可以在 ETF 市场价格与基金单位净值之间存在差价时进行套利交易。套利机制的存在，使得 ETF 避免了封闭式基金普遍存在的折价问题。

和 ETF 一样，在指数基金大家族中，LOF 表现卓越，备受投资者青睐。

和 ETF 一样，LOF 是指上市型开放式基金，投资者既可以在指定网点申购与赎回基金份额，也可以在交易所买卖该基金。

不过，投资者如果是在指定网点申购的基金份额，想要上网抛出，必须办理一定的转托管手续；同样，如果是在交易所网上买进的基金份额，想要在指定网点赎回，也要办理一定的转托管手续。

LOF 发售结合了银行等代销机构与深交所交易网络二者的销售优势。银行等代销机构网点仍沿用现行的营业柜台销售方式，深交所交易系统则采用通行的新股上网定价

发行方式。

从本质上来说，LOF 包含以下两层含义。

（1）LOF 本质上仍是开放式基金，基金份额总额不固定，基金份额可以在基金合同约定的时间和场所申购、赎回。基金在银行等代销机构的申购、赎回操作程序与普通开放式基金相同。

（2）LOF 获准在证交所上市交易后，投资者既可以选择在银行等代销机构按当日收市的基金份额净值申购、赎回基金份额，也可以选择在证交所各会员证券营业部按撮合成交价买卖基金份额。LOF 在证交所的交易方式和程序则与封闭式基金基本一致。

ETF 与 LOF 的区别

LOF 与 ETF 的相同之处是同时具备了场外和场内的交易方式，二者同时为投资者提供了套利的可能。LOF 与目前的开放式基金不同之处在于它增加了场内交易带来的交易灵活性。

ETF 与 LOF 的区别

区别	ETF	LOF
类别不同	ETF 本质上是指数型的开放式基金，是被动管理型基金	LOF 是普通的开放式基金增加了交易所的交易方式，它可能是指数基金也可能是主动型基金
交换事物不同	ETF 与投资者交换的是基金份额和一篮子股票	LOF 是与投资者交换现金
在申购和赎回时投资者不同	在一级市场上，即申购赎回时，ETF 的投资者一般是较大型的投资者，如机构投资者和规模较大的个人投资者	LOF 没有限定
在二级市场的净值报价不同	ETF 每 15 秒钟提供一个基金净值报价	LOF 一天提供一个基金净值报价

第 2 章

宽基指数与窄基指数

无论是交易股票还是购买基金,投资者必然要看股市指数。在我国股市,指数主要有上证指数体系和中证指数体系。

图解指数基金
极简投资策略

A股市场指数体系

指数基金中的指数到底是什么？沪深300、标普500、道琼斯指数等常作为高频词汇出现在财经新闻里，那到底什么是指数呢？

指数为各种数值的综合，用于衡量市场或经济的变化。指数被广泛地应用于经济、金融领域，如居民消费价格指数（CPI）、生产价格指数（PPI）等反映的是经济领域的情况，而上证综指、沪深300等股票价格指数则是指数在A股市场上的应用。

无论是交易股票还是购买基金，投资者必然要看股市指数。在我国股市，指数主要有上证指数体系和中证指数体系。

A股市场中的指数就是按照一定的选股规则和标准，从样本股空间里挑选出的一揽子股票的集合。

比如，上证50指数就是以市值为标准，从上交所市值排名前120只的股票中选取排名更靠前的50只股票作为其成份股。

图解指数基金
极简投资策略

通俗的来说,比如在电影院看电影,消费爆米花已经成为多数观影者的固定行为。于是,看一段时期内的电影卖不卖座,可能去数数爆米花的销售数量就行了。

假如电影票房是市场,那么反映其变动的爆米花销量就可视为"指数"。

沪深300指数就是从上海证券交易市场和深圳证券交易市场中选取的市值排名靠前的300只股票构成其成份股。

第 2 章
宽基指数与窄基指数

中证 500 指数由全部 A 股中剔除沪深 300 指数成份股及总市值排名前 300 名的股票后，总市值排名靠前的 500 只股票组成，综合反映 A 股市场中一批中小市值公司的股票价格表现。

归根结底，A 股市场中的指数仍是股票，只不过不是单只的个股，而是在一定规则和标准下包含了很多只股票。这样，相当于建立了投资组合，风险就大大降低了，也能保持较高的收益率。

了解了指数的含义后，现在我们再次重温指数基金的含义：指数基金就是以特定指数为标的指数，并以该指数的成份股为投资对象，通过购买该指数的全部或部分成份股构建投资组合，以追踪标的指数表现的基金产品。

在指数中还有一个重要概念，就是指数体系。所谓指数体系，是指由三个或三个以上存在一定数量对等关系的统计指数所构成的有机整体。

目前，我国的指数大多由中证指数公司和深圳证券信息公司研发编制，市场上绝大部分指数基金产品都用这两家公司的指数。

如果是中证指数公司编制的指数，在中证指数公司的官网就能找到对应指数的编制方案；如果是深圳证券信息公司编制的指数，在国证指数官网就能找到对应指数的编制方案。

通过编制方案，投资者可以了解指数的指数代码、调仓频率和加权方式等。

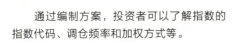

第 2 章
宽基指数与窄基指数

1. 中证指数公司的指数体系

中证指数公司是由上海证券交易所和深圳证券交易所共同出资成立的国内最大的指数编制、运营和服务机构，中证系列指数包括规模、行业、风格、主题、策略、客户定制、海外、债券、期货和基金等指数。

中证指数公司体系
- **中证流通指数**
  中证指数有限公司于 2006 年 2 月 27 日正式发布中证流通指数。中证流通指数以 2005 年 12 月 30 日为基日，以该日所有样本股票的调整市值为基期，基点为 1 000 点
- **沪深 300 指数**
  为反映中国证券市场股票价格变动的概貌和运行状况，并能够作为投资业绩的评价标准，为指数化投资及指数衍生产品创新提供基础条件，中证指数公司编制并发布了沪深 300 统一指数
- **中证规模指数**
  中证规模指数包括中证 100 指数、中证 200 指数、中证 500 指数、中证 700 指数和中证 800 指数

2. 深圳证券信息有限公司的指数体系

深圳证券信息有限公司为深交所下属企业，经深交所授权，负责深证系列指数的规划设计、日常运维和市场营销等业务。深圳证券信息有限公司为国内最早开展指数业务的专业化运营机构，是我国内地交易所直属指数机构之一。

深圳证券信息有限公司旗下管理的深证系列单市场指数最早于1991年开始计算，自2002年以来率先推出跨深沪两市场的国证系列指数。

深圳证券信息有限公司编制和发布了深证成份指数、中小板指数和创业板指数等市场代表性指数，成功推出了深证100等产品化成功的投资型指数。

深圳证券信息有限公司编制的典型指数主要有以下几个：

深证指数体系
- 深证 100 指数
  由深交所市值规模最大、成交最活跃的 100 家上市公司组成，涵盖深市主板、创业板和中小企业板三大板块

- 深证 300 指数
  参照深证 100 指数编制方法，由深圳 A 股市场规模大、流动性好、最具代表性的 300 只股票组成。作为深市大中盘指数的代表，深证 300 指数总市值市场覆盖率约为 40%

- 中创 100 指数
  在中小板和创业板中选取规模和流动性综合排名前 100 的公司组成样本，以反映中小板和创业板代表性企业的运行状况

宽基指数及对应的指数基金

宽基指数是应用最广泛的指数,是指不区分具体行业、覆盖范围广的指数。例如,我们常见的沪深300和中证100等都是宽基指数。

按照美国证券机构的标准,宽基指数一般需要达到以下四个条件。

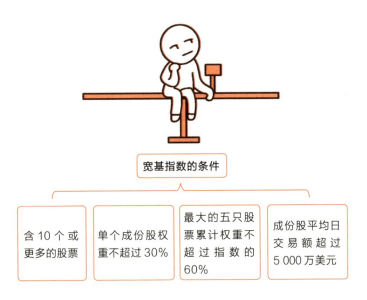

跟踪宽基指数的基金即为宽基指数基金，通过买入成份股来构建投资组合，这样就能够有效地分散风险。而且通过权重的设定，能够降低某一个股或者行业权重过重的风险。

目前，我国证券市场常见的宽基指数是沪深300指数、上证50指数、中证500指数和创业板指数。

沪深300指数

沪深300指数由上海和深圳证券市场中市值大、流动性好的300只股票组成，综合反映A股市场上市股票价格的整体表现。从市值规模来说，沪深300占据了国内股票市场全部规模的60%以上，所以说它是最能代表A股市场的明星指数。

沪深300指数于2005年4月8日正式发布，基日为2004年12月31日，基日指数点位为1 000点。沪深300的指数代码有两个，分别为000300和399300。为什么会有两个呢？

由于沪深 300 里面既有上海交易所的股票，又有深圳交易所的股票，所以上海交易所和深圳交易所都要在各自交易所给沪深 300 指数一个指数代码。

000300 是上海交易所给沪深 300 指数的代码，399300 是深圳交易所给沪深 300 指数的代码。

另外，沪深 300 指数选样空间由同时满足以下条件的沪深 A 股组成。

（1）非创业板股票，上市时间超过一个季度，除非该股票自上市以来日均 A 股总市值在全部沪深 A 股（非创业板股票）中排在前 30 位；创业板股票，上市时间超过三年。

（2）非 ST、*ST 股票，非暂停上市股票。

沪深 300 指数样本按照以下方法选择经营状况良好、无违法违规事件、财务报告无重大问题、股票价格无明显异常波动或市场操纵的公司。

第 2 章
宽基指数与窄基指数

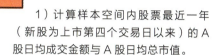

1）计算样本空间内股票最近一年（新股为上市第四个交易日以来）的 A 股日均成交金额与 A 股日均总市值。

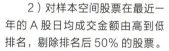

2）对样本空间股票在最近一年的 A 股日均成交金额由高到低排名，剔除排名后 50% 的股票。

3）对剩余股票按照最近一年 A 股日均总市值由高到低排名，选取前 300 名股票作为指数样本。

沪深 300 指数的成份股以大盘股为主，市场代表性较高，估值偏低，属于蓝筹大盘股。沪深 300 指数的行业分布也偏重于金融行业，但比上证 50 指数的行业分布更加均衡。沪深 300 成份股占比最高的三个行业分别为金融、工业和可选消费，分别达到 34.7%、12.6% 和 11.8%。

截至 2019 年 4 月 22 日，市场上共有跟踪沪深 300 指数的基金数量 98 只。其中，被动指数基金 53 只，增强指数基金 45 只。

我们把规模小于 30 亿元的基金剔除，选出以下 5 只指数基金。

跟踪沪深 300 的指数基金

代码	基金名称
100038	富国沪深 300 指数增强
110020	易方达沪深 300 发起式 ETF 链接
050002	博时沪深 300 指数 A
000311	景顺长城沪深 300 指数增强
000051	华夏沪深 300 指数 ETF 联结 A

尽管指数基金都跟踪相同的指数,但是不同的资产规模和产品形式也会影响投资者最后的收益,因此选择同样标的的指数基金还是有一些窍门的。

上证 50 指数

上证 50 指数由沪市 A 股中规模大、流动性好的最具代表性的 50 只股票组成,反映上海证券市场最具影响力的一批龙头公司的股票价格表现。

上证 50 指数简称为上证 50,指数代码为 000016,指数代码相当于指数的"身份证号",投资者在股票行情软件中输入这个"身份证号"就能找到这个指数的实时走势、历史走势、涨跌幅变化以及成交量等信息。

上证 50 指数以 2003 年 12 月 31 日为基日,以 1 000 点为基点。

选样方法是：对样本空间内的股票按照最近一年总市值、成交金额进行综合排名，选取排名前 50 位的股票组成样本，但市场表现异常并经专家委员会认定不宜作为样本的股票除外。

上证 50 指数的成份股以大盘股为主，估值偏低，属于蓝筹大盘股。

上证 50 大部分权重分布在金融行业，前十大成份股中金融股占比达到 42%。前 10 大权重股中，有 8 只股票属于金融行业，其中 6 只属于银行行业，1 家保险公司，1 家证券公司。这些企业几乎都属于世界 500 强，也是我国的龙头企业。

上证 50 指数前 10 大成份股大部分集中在低估值的金融板块，其中金融板块占比接近 63%。简单来说，投资者买上证 50 的主要原因还是因为看好金融板块。

目前，市场主要跟踪上证 50 的指数基金共有 13 只，涵盖 ETF、分级基金、普通指数基金以及增强指数基金。我们筛选成立三年以上的基金，剔除基金规模 2 亿元以下的基金，最后选出以下 8 只基金。

基金名称	成立时间	资产规模
博时上证 50ETF	2015/5/26	6.80 亿元
天弘上证 50 指数 A	2015/7/15	5.23 亿元
华夏上证 50ETF	2004/12/29	464.14 亿元
天弘上证 50 指数 C	2015/7/15	3.08 亿元
博时上证 50ETF 联接 A	2015/5/26	2.95 亿元
易方达上证 50 指数分级	2015/4/14	2.89 亿元
易方达上证 50 指数 A	2004/3/21	144.47 亿元
华夏上证 50ETF 联接 A	2015/3/16	12.66 亿元

中证 500 指数

中证 500 指数由全部 A 股中剔除沪深 300 指数成份股及总市值排名前 300 名的股票后，总市值排名靠前的 500 只股票组成，综合反映 A 股市场中一批中小市值公司的股票价格表现。

中证500指数于2007年1月15日正式发布,基日为2004年12月31日,基日指数点位为1 000点。中证500的指数代码有两个,分别为000905和399905。

中证500选样空间为:

(1)上市时间超过一个季度,除非该股票自上市以来的日均A股总市值在全部沪深A股中排在前30位。

(2)非ST、非*ST股票、非暂停上市股票。

中证500指数选样方法按照选择扣除沪深300指数样本股及最近一年日均总市值排名前300名的股票后,将剩余股票按照最近一年(新股为上市以来)的日均成交金额由高到低排名,剔除排名后20%的股票,然后将剩余股票按照日均总市值由高到低进行排名,选取排名在前500名的股票作为指数样本股。

中证500指数的行业分布更加均衡,以先进制造业、先进材料、新一代信息技术等代表我国未来产业方向的细分行业为主。

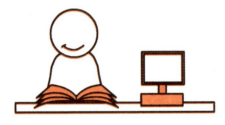

市面上跟踪中证500指数的基金非常多,共有38只,其中ETF基金10只、增强基金11只、联接基金8只、分级基金3只、LOF基金6只。

10 只 ETF 基金中，从规模上来看，10 亿元以上的有 3 只，为南方中证 500ETF、嘉实中证 500ETF 和广发中证 500ETF，其中南方中证 500ETF 是规模最大的，达到了 223 亿元。

南方中证 500ETF 和嘉实中证 500ETF 两只基金的成立时间最长，可供观察的样本多，规模也是最大的，而且都追上了基准。在成立最早的一批基金中，规模最小的是易方达中证 500ETF。

创业板指数

作为我国的"纳斯达克"板块，创业板在 2009 年 10 月登陆深交所，其创立的目的是为大部分无法满足在主板上市的创业型企业、高科技企业以及中小企业提供融资平台。

创业板的公司普遍处于成长期，经营规模较小，发展潜力巨大，比如东方财富、乐普医疗等代表着互联网和医疗行业发展未来的企业。长期以来，创业板有高风险和高收益两大特征。

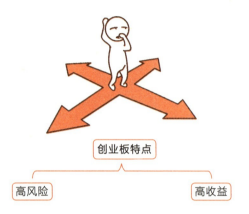

创业板特点：高风险、高收益

  创业板股票的未来存在着较大的发展空间。通过对国外市场的观察可知，谷歌、苹果等互联网巨头都是从美国创业板"纳斯达克"培育出来的，国内创业板也有许多科技创新型公司，成长性较强。

  创业板也受益于我国目前的经济转型和消费升级。在创业板上市的公司有许多是来自消费、互联网和传媒行业的，而这些行业正是消费升级的直接受益者，得到来自政策和市场的多重支撑，发展潜力巨大。

  目前，创业板块具有代表性的指数有创业板指数，创业板指数选择的是创业板中流动性好和规模大的100只龙头股。

深圳证券交易所于2010年6月1日发布了创业板指数，该指数是我国多层次证券市场的重要指数，由100家具有代表性的创业板公司组成，基日为2010年5月31日。

创业板指数中前十大股票,偏重科技、成长型的企业,汇聚了像东方财富、信维通信、三聚环保、爱尔眼科等为代表的新兴产业的企业。

从行业分布来看,创业板指数前三大行业分别是信息技术、工业和医疗保健,行业权重分别为41.5%、24.8%和13.7%。这三个行业都属于成长型行业,容易诞生一些成长较快的企业,所以创业板指数的估值也高于上证50、沪深300和中证500。

目前,跟踪创业板的指数基金较多,涵盖了ETF、ETF联接基金、普通指数基金和分级基金。

截至2018年年底,收益较高的指数基金有富国创业板B、鹏华创业板B两只分级B基金;其次是富国创业板指数分级、融通创业板指数C/A/B份额、国泰创业板指数。除了两只分级B基金,其余跟踪创业板指数基金的跟踪误差都相差不大。

窄基指数

与宽基指数相对应的是窄基指数，窄基指数又被称为行业指数或者主题指数。行业指数是指反映某一行业情况的指数，例如商业指数、地产指数、医药指数等。行业指数成份股往往同属一个细分行业，特征十分鲜明。主题指数是指反映某一特定的投资主题的指数，主要有上证红利指数基金和上证央企50ETF。

目前，国际通行的行业分类标准是摩根士丹利和标准普尔公司联合发布的GICS（即全球行业分类标准），在我国也不例外，虽然市场上行业分类的方法种类繁多，但大体都是以GICS为参照标准制定的。

不同的行业有各自鲜明的特征，可以根据这些特征来对行业进行分类。例如，可以根据行业是否具有周期性将其划分为周期行业、非周期行业等。偏周期性的行业包括能源、原材料、工业、金融地产等，这一类行业的表现反映在对应的行业指数上则呈现为上下波动的周期性变化；而偏非周期的行业包括医药卫生、消费等，这一类行业指数往往呈现出稳定向上的状态。

第 2 章
宽基指数与窄基指数

主题指数是根据确定的主题选取样本，按照一定的规则构建的指数，它能反映投资主题的市场表现。

同时，主题指数也可以作为重要的投资载体。通过跟踪复制主题指数，投资者可以在透明的、低成本的条件下实现相应的主题投资。

可以说，主题指数是主题投资理念的延伸，它使得主题投资更具有实际操作性，而且成本更低。

目前，全球有很多主要的指数商和交易所提供主题指数，并且许多主题指数已经开发成了指数基金、ETF 等各种投资产品。

除上述根据行业来对股票进行划分以外，还可以按照特定的主题来对股票进行分类，如环保、养老、医疗、传媒等，这些主题往往覆盖了对应的上下游上市公司。简单来说，投资者可将主题指数划分作为行业划分的补充。

从行业、主题指数角度来划分，我们为投资者列举了具有投资价值的医药/医疗行业指数、消费行业指数和环保行业指数。

医药/医疗行业指数

医药行业是公认的国际化产业，也是世界各国重点发展的行业，备受价值投资者的青睐。

目前，全球药品市场持续扩大，制药、生物科技等行业的生产规模总体保持稳定增长。其中，以我国为首的新兴市场增速十分明显，在2013～2019年保持15%以上的增长，医药消费市场需求旺盛。

其实，近几年随着国家医药改革的持续深入，政策利好不断推出，加上国外医药公司在研发上获得巨大经济价值，为国内医药巨头的发展注入了强大动力。

与过去相比，在政策扶持、人才支持、研发投入以及医保配套等方面，我国医药行业开始具备了自主创新的土壤，未来会有越来越多的优秀的创新品种问世和研发企业崛起，而研发创新将成为引领行业前行和重构行业格局的关键因素。

第 2 章
宽基指数与窄基指数

在证券市场上,医药行业是一个具有防御性的板块。从历史数据来看,如果将时间轴拉到更长,则医药板块的表现也更好。

再加上我国老龄化程度的加深、国家加大了对行业的持续投入、生物医药人才的回流等因素,医药行业长期投资的价值可期。

与医药行业类似的是医疗主题,二者同为医药卫生大板块,但各有侧重。就行业分布来看,医药的细分行业主要集中在化学制药、中药及生物制品方面,而医疗主题的细分行业则主要集中在医疗器械和医疗服务方面。在研究医药卫生大板块时,投资者可将二者结合起来分析。

国内市场医药/医疗板块的指数主要有以下六个。

（1）中证医疗指数：指数代码为399989，选取与医疗器械、医疗服务等与医疗行业相关的代表性公司股票作为指数样本股。采用自由流通调整市值加权，并根据成份股数量设置不同的权重上限，以反映沪深两市医疗主题股票的整体走势。

（2）中证全指医药卫生指数：指数代码为000991，从中证全指样本股中的医药卫生行业内选择流动性和市场代表性较好的股票构成指数样本股，以反映沪深两市医药卫生行业内公司股票的整体表现。

（3）中证医药卫生指数：指数代码为000933，由中证800指数样本股中的医药卫生行业股票组成，以反映该行业公司股票的整体表现。

（4）沪深300医药卫生指数：指数代码为000913，由沪深300指数样本股中的医药卫生行业股票组成，以反映该行业公司股票的整体表现。

（5）上证医药卫生行业指数：指数代码为000037，由上海证券市场医药卫生行业股票组成，以反映该行业公司股票的整体表现。

（6）中证全指医疗保健设备与服务指数：指数代码为H30178，由中证全指样本股中的医疗保健设备与服务行业股票组成，以反映该行业股票的整体表现。

由于中证全指医药卫生指数和中证医疗指数相较其他指数样本股覆盖面更广,因此更能反映沪深两市医药卫生和医疗主题的整体表现。通过分析中证全指医药卫生指数和中证医疗指数前十大成份股数据可知,中证全指医药卫生指数前五大成份股均为医药制造业,而中证医疗指数包含了专用设备制造业、软件和信息技术服务业等行业。

医药行业指数更偏重医药制造,而医疗主题更偏重医疗设备、医疗服务等。同时,我们注意到不管是中证全指医药指数还是中证医疗指数,二者的成份股集中度都相对较高,即前十大成份股合计权重均超过35%,所以两个医药卫生大板块的指数均有较好的龙头效应。

目前,市场上医药和医疗板块的指数基金数量众多,且品种齐全,涵盖ETF、分级基金、普通指数基金等。中证全指医药指数的产品有广发中证全指医药卫生ETF(基金代码:159938),该产品为目前市场中规模最大、流动性最好的ETF。

消费行业指数

在我们的生活中,消费无处不在。从早餐吃的面包、喝的牛奶到出门乘坐的交通工具,从日常穿的休闲衬衫到聚餐时畅饮的酒水饮料,这些存在于我们日常生活方方面面的物品大多都来自消费板块。

对于消费板块,国内通常将其细分为必需消费和非必需消费两个方面。其中,必需消费中有代表性的是食品饮料、农林牧渔等人们生活中必不可少的行业;而非必需消费则是人们在追求除了温饱以外的更优渥的物质条件时会涉及的家用电器、汽车等。

目前,A股消费板块有六个指数,如下图所示。

A股消费板块的六个指数:上证主要消费行业指数、上证可选消费行业指数、沪深300主要消费指数、沪深300可选消费指数、中证全指主要消费指数、中证全指可选消费指数

(1)上证主要消费行业指数:指数代码为000036,由上海证券市场主要消费行业股票组成,以反映该行业公司股票的整体表现。

(2)上证可选消费行业指数:指数代码为000035,由上海证券市场可选消费行业股票组成,以反映该行业公司股票的整体表现。

(3)沪深300主要消费指数:指数代码为000912,由沪深300指数样本股中的主要消费行业股票组成,以反映该行业公司股票的整体表现。

(4)沪深300可选消费指数:指数代码为000911,由沪深300指数样本股中的可选消费行业股票组成,以反映该行业公司股票的整体表现。

（5）中证全指主要消费指数：指数代码为000990，从中证全指样本股中的主要消费行业内选择流动性和市场代表性较好的股票构成指数样本股，以反映沪深两市主要消费行业内公司股票的整体表现。

（6）中证全指可选消费指数：指数代码为000989，从中证全指样本股中的可选消费行业内选择流动性和市场代表性较好的股票构成指数样本股，以反映沪深两市可选消费行业内公司股票的整体表现。

中证全指主要消费指数成份股股票数量为141只，前十大成份股占比合计高达55.12%，其中有四只为著名的白酒生产企业，占比最大的两只——贵州茅台和五粮液权重均超过10%，具有显著的龙头效应。

从行业分布来看，前三大细分行业分别为食品饮料（占65.4%）、农林牧渔（占25.9%）和商业贸易（占5.3%）。

市场上的一些消费行业指数产品中的ETF产品，既有跟踪中证主要消费指数的汇添富中证主要消费ETF（基金代码：159928），又有跟踪中证全指主要消费指数的广发中证全指主要消费ETF（基金代码：159946），还有跟踪中证全指可选消费指数的广发中证全指可选消费ETF（基金代码：159936）。

环保行业指数

自1978年改革开放以来，我国经济得到了长足发展。但是在这个过程中，由于前期环保意识的缺乏以及监管力度不够等原因导致我国环境形势日益严峻。随着人们生活水平的提高，改善空气质量等环境保护的呼声也日渐强烈。

与发达国家相比，我国环保投资占GDP的比重还远远不够。若要达到环境质量改善效果，环保投资占GDP的比重应在2%以上，环保投资仍需大幅提升，未来环保产业利润体量应该远超市场预期。

从中长期来看，以日本的环保实施过程为鉴，我国环保行业未来的时间跨度应是20~30年。

我们从中证指数公司制定的上证环保产业（指数代码：000158）、中证环保产业50（指数代码：930614）、中证环保产业（指数代码：000827）、中证环境治理（指数代码：399806）等指数中，挑选出最为全面、最能代表整个A股市场环保产业的中证环保产业指数（指数代码：000827）。

市场跟踪环保行业的指数产品主要有普通指数基金和ETF两类，其中规模较大的普通指数基金有广发中证环保产业指数基金、申万菱信中证环保产业指数基金；而广发中证环保产业ETF是目前市场唯一一只环保板块的ETF产品。

第 3 章

策略指数

策略指数就是不以市值来加权,而是对应不同的策略来加权的指数,包括红利指数、基本面指数和低波指数。

图解指数基金
极简投资策略

红利指数

通俗地说,红利指数是选出现金分红率较高的股票组为样本股。

红利指数是以股息率或现金分红率为指标进行样本股的选样和指数加权计算。股息率也称现金分红率,一般来说,股息率越高,投资者获得的回报率越高,该股票对投资者也越有吸引力。

目前,A股市场常见的红利指数为上证红利指数、深证红利指数和中证红利指数。

（1）上证红利指数（指数代码：000015）：上证红利指数由上证Ａ股中股息率高、分红稳定、具有一定规模及流动性的50只股票组成。上证红利成份股涵盖了包括宝钢股份、中国石化、华夏银行、申能股份、上海汽车、华能国际等国内著名企业，具有显著的大蓝筹特征；同时也涵盖了安徽合力、航天机电、南海发展、宇通客车、雅戈尔等优良的中小型企业，具有显著的成长性特征。

上证红利指数成份股由股息率最高、现金分红最多的50只股票组成，是上证Ａ股市场真正的核心优质资产，并每年根据最新排名优胜劣汰，具有极高的投资价值。

（2）深证红利指数（指数代码：399324）：深证红利指数与上证红利指数相对应，是我国红利系列指数中最早推出的一只。深证红利指数为投资者提供了在深交所上市的高现金股息、具有长期稳定回报的40只股票。

这类公司大多是成熟的绩优股或分红能力较强的成长股，该指数主要参考指标为分红（包括现金分红、股票分红）的频率与数量，是巨潮红利指数在深市的缩影。

深证红利指数前五大成份股占比达到52.51%，且主要集中在美的集团和格力电器这两只家电股，成份股集中度比上证红利更高。

（3）中证红利指数（指数代码：000922）：中证红利指数选择沪深两市中现金股息率高、分红稳定、具有一定规模及流动性的100只股票组成。

它结合了上证红利和深证红利的优势，相较于上证红利指数和深证红利指数，中证红利指数样本股的选择空间更大、覆盖面更广。

中证红利指数前十大成份股与上证红利和深证红利的成份股大部分重合，说明其与另外两者在指数制定的方式上并不存在太大区别，主要是选样空间不同而已。

红利指数相关的基金产品既有ETF、普通指数基金，也有LOF产品；既有跟踪中证红利指数的，也有跟踪深证红利指数的，产品种类较为丰富。

基本面指数

在讲基本面指数前，我们先讲讲股票投资中常用的两个术语——基本面和技术面。

基本面是指对宏观经济、行业和公司基本情况的分析，包括对公司经营理念策略和公司财务报表等的分析，它包括宏观经济运行态势和上市公司基本情况。

技术面是指反映股价变化的技术指标、走势形态以及K线组合等。技术面的实质就是应用金融市场最简单的供求关系变化规律，寻找、摸索出一套分析市场走势、预测市场未来趋势的分析方法。

基本面指数以股票公司的净资产、现金流等基本面财务数据进行样本股的选样和指数加权计算，打破了样本股价格与其权重之间的联系，使得基本面经济规模大的股票获得较高的权重，在一定程度上减少了高估值股票在组合中权重过高的现象。

基本面是一个大的概念，其价值通常用营业收入、现金流、净资产和分红等四个财务指标来衡量，而基于上述四个指标来选择股票并决定样本股权重配置的指数就被称为基本面指数。

目前,中证指数公司和深圳证券信息公司都发布了各具特色的基本面指数。其中,名气最大的要数基本面 50 指数(000925),该指数全称为中证锐联基本面 50 指数,其挑选以四个基本面指标——营业收入、现金流、净资产、分红来衡量的经济规模最大的 50 家 A 股上市公司作为样本,且样本个股的权重配置与其经济规模相适应。

基本面 50 指数按照以下两个步骤进行选样:

步骤一:对样本空间的股票,按照最近一年的日均成交金额由高到低排名,剔除排名后 20% 的股票。

步骤二：对样本空间内的剩余股票，按其基本面价值降序排列。

一只股票要成为基本面50指数的成份股，首先，最近一年的日均成交量不能排在倒数20%以内；其次，还要计算股票基本面价值，只有在所有股票中基本面价值排在前50名的才能最终入选。

基本面50指数（000925）选取单个股票的基本面价值计算方法如下。

（1）使用过去五年的年报数据计算以下四个基本面指标。

一是营业收入：公司过去五年营业收入的平均值；二是现金流：公司过去五年现金流的平均值；三是净资产：公司在定期调整时的净资产；四是分红：公司过去五年分红总额的平均值。

（2）如果一个公司可用年报数据少于五年，那么按可用年限的数据计算基本面指标。将排名在前 50 名的股票作为样本股。

（3）计算每只股票单个基本面指标占样本空间所有股票这一指标总和的百分比。

（4）基本面价值由上述四个百分比数据的简单算术平均值乘以 10 000 000 得出。

从指数成份股来看，前十大成份股均为市值超过 3 000 亿元的特大型公司，且大多来自金融行业，其中银行就占据了七个席位，这反映出基本面 50 指数比较侧重于蓝筹大盘的特点。

十大成份股权重合计占比达到 47.77%，成份股分布较为集中。就行业分布来说，基本面 50 指数前三大行业分别为银行（43.9%）、非银金融（13.1%）和建筑装饰（8.1%）。

同时，深证指数公司发布的深证 F60、F120 和 F200 基本面等指数，主要分别挑选基本面价值最大的 60、120、200 家深市 A 股上市公司，所以在风格上与基本面 50 等指数也存在一定差异。

目前，跟踪基本面的策略指数基金主要有 ETF、普通指数基金和 LOF，其中规模最大的为嘉实基本面 50 指数（LOF）（基金代码：160716）。

低波指数

低波指数应用比较少，市面上低波指数基金的数量也比较少。对于普通投资者而言，低波指数的编制原理比较难以理解，在这里仅做简单介绍。

低波指数的本质是在样本空间内，通过波动率排名，选取波动率最小的固定数量的股票组成成份股，并通过波动率倒数对成份股进行赋权，其主要逻辑是通过选择波动性较低的股票来降低投资组合的风险。

低波指数的代表是中证500行业中性低波动指数，简称500SNLV指数（指数代码：930782）。

第 3 章
策略指数

它发布于 2016 年 2 月 4 日,基期为 2004 年 12 月 31 日,目前成份股个数为 150 个,属于中小型股票的范畴。

中证指数公司为 500SNLV 指数制定了详细的选样方法,具体如下所述。

一是对样本空间内的股票计算最近一年日收益率的波动率(标准差),并按升序排名。

二是按照中证 500 成份股在中证二级行业样本数量分布,确定各二级行业的样本分配只数。具体方法是:第 I 行业样本配额 = 样本空间内第 I 行业所有候选股票数量/500×150。

三是按照行业的样本分配只数,在行业内选取波动率排名靠前的股票。

四是对各行业选取的样本做进一步调整,使成份股总数为150个。

通过将500SNLV指数与中证500指数对比可以发现,加入低波动因子的500SNLV指数中长期表现超越中证500指数。

从逐年来看,500SNLV相对中证500指数也有明显优势:在2005年以来的13个年份中,战胜中证500指数的年份达到12个(仅2012年以0.87%的微弱劣势跑输)。

再从绝对收益率来看,13年间有9年取得正收益,累计收益率为1 329%,年化收益率达到22.70%,同时最大亏损年度跌幅也低于市值加权的中证500指数,显示出其强大的防御性。

市场中与低波动策略指数相关的基金产品并不多,目前只有少数的几只,如华泰紫金红利低波指数基金。

第 4 章

ETF 指数基金

ETF 指数基金兼具开放式指数基金及封闭式指数基金的优势与特色,是高效的指数化投资工具。

图解指数基金
极简投资策略

特殊的指数基金——ETF

在指数基金领域,ETF 是一个独特的品种,因为它融合了开放式基金和封闭式基金的功能和特点。

ETF 是一种在交易所上市交易的开放式指数基金,兼具开放式指数基金和封闭式指数基金的优势与特色,是高效的指数化投资工具。像买卖股票一样,投资者可以直接通过券商交易软件买卖 ETF 份额,而 ETF 价格会围绕着该 ETF 实时净值上下波动。

在进一步解释 ETF 之前,我们有必要先解释一下开放式基金和封闭式基金的概念。

ETF 属于开放式基金的一种特殊类型,它结合了封闭式基金和开放式基金的运作特点,投资者既可以向基金管理公司申购或赎回基金份额;同时,又可以像封闭式基金一样在二级市场上按市场价格买卖 ETF 份额,不过,申购赎回必须以一篮子股票换取基金份额或者以基金份额换回一篮子股票。

由于同时存在二级市场交易和申购赎回机制,投资者可以在 ETF 市场价格与基金单位净值之间存在差价时进行套利交易。套利机制的存在，使得 ETF 避免了封闭式基金普遍存在的折价问题。

开放式基金是指基金发起人在设立基金时，基金份额总规模不固定，可视投资者的需求随时向投资者出售基金份额，并可应投资者要求赎回发行在外的基金份额的一种基金运作方式。

封闭式基金是指投资者在基金存续期间内不能向发行机构赎回基金份额，基金份额的变现必须通过证券交易场所上市交易。

封闭式交易——二级市场交易 ETF

像封闭式基金一样，ETF 可以在二级市场上按市场价格买卖 ETF 份额。

接下来,先简单介绍一下什么是一级市场和二级市场。

一级市场又称为发行市场，是证券发行人以筹集资金为目的，按照一定的法律规定和发行程序，向承销商出售证券所形成的市场。一级市场和普通投资者关系不大。

相对于证券发行市场而言，证券交易市场又称为"二级市场"或"次级市场"。当证券经过证券发行市场的承销后，就会进二级市场，它体现了新老投资者之间投资退出和投资进入的市场关系。

ETF基金的二级市场交易与股票完全一致，在证券市场开市时间，即周一至周五9点30至11点30和下午1点至3点，投资者可以通过任何证券公司交易软件像买卖股票一样交易，ETF买入的最小单位为1手（1手为100份）。

像买卖股票一样，投资者输入对应ETF代码、委托挂单价格以及买入的份额数，证券公司将客户委托信息发送给交易所，交易所通过交易系统进行撮合，场内买卖不增加ETF的份额数量。

1. 参考单位基金净值

由交易所计算ETF实时单位净值的近似值，以便于投资者估计ETF交易价格是否偏离了内在价值。参考单位基金净值（IOPV）每15秒计算并公告一次，作为对ETF基金份额净值的估计。

第 4 章
ETF 指数基金

其实，IOPV 就是实际 ETF 当前的净值水平，而购买 ETF 份额的价格要参考 IOPV 进行买卖。

假如 A 点代表 ETF 成交价，B 点代表 IOPV，A 点如果在 B 点上面，代表溢价，即购买的价格比当前实际净值高；反之，代表折价，即购买的价格比当前实际净值低。

2. 份额的折溢价

投资者在购买 ETF 时，最主要关注溢价率这个指标。

ETF 溢价与折价

价格状态	内容描述
ETF 溢价	说明当前购买的价格比实际价格高，要考虑后期涨幅是否能超过你付出的额外成本
ETF 折价	说明当前购买的价格比实际价格低，要考虑安全垫是否足够厚

071

如果溢价率为正，就是溢价，说明当前购买的价格比实际价格高；如果溢价率为负，就是折价，说明当前购买的价格比实际价格低。

买ETF选择便宜的，即交易软件显示折价的ETF。同样是跟踪中证500ETF，在流动性没问题的情况下，投资者需要选折价的ETF。

慎买高溢价率的ETF，捡漏大幅折价的ETF。理论上大幅折溢价是短期市场情绪恐慌或者狂热造成的，最终都会回归与实际净值对应的水平。

大幅溢价时，投资者花费了比实际成本更高的价格购买它，要考虑后期涨幅是否能超过付出的额外成本。

第 4 章
ETF 指数基金

大幅折价时,投资者要考虑后期指数如果下跌,这个折价的安全垫是否足够厚。

以广发医药 ETF(159938)为例,假如在 2018 年 7 月 8 日市场恐慌情绪下,广发医药溢价率为 –10.02%,就是说投资者以 1.107 元买到实际价值 1.2 303 元的广发医药 ETF。如果持有到 7 月 14 日,二级市场溢价 8.5%,就是说此时广发医药二级市场价格比实际净值还高 8.5%,此时投资者选择二级市场卖出广发医药,收益率可以达到 43%,而实际净值的涨幅只有 19%。

相反,投资者如果选择在 2018 年 7 月 14 日以 1.59 元的价格买入广发医药 ETF,到 2018 年 7 月 22 日,投资者手上的广发医药 ETF 价格为 1.509 元,此时投资收益还亏损 5%,而实际上广发医药 ETF 净值是涨 4.7%。这就是投资者在高溢价的时候买入了该产品。

投资者了解了ETF的交易机制,就知道当场内发生大幅度折溢价的时候可以运用申购赎回的机制进行套利。

如果投资者习惯于场内购买ETF产品,就知道在流动性有保证的情况下尽量选择折价大的时候买入,溢价高的时候可以考虑卖出,因为如果不卖出,套利资金的参与也会使得ETF的折溢价率回归至0附近。

ETF 开放式交易流程

ETF 既可以像封闭式基金一样在二级市场上按市场价格买卖 ETF 份额，又可以像开放式基金一样向基金管理公司申购或赎回基金份额。

ETF 申购赎回机制比较独特，投资者只能用与指数对应的一篮子股票申购或者赎回。也正是由于申赎套利机制的存在，使得实际的净值和交易所买卖价格基本一致。

一般来说，ETF 交易流程包括认购、申购与赎回、二级市场交易以及套利。

网上与网下认购

ETF 认购是指投资者在基金初始发行期投资购买基金的行为。在 ETF 募集期内，投资者可通过证券公司营业部柜台、电话委托及网上交易系统以现金方式认购 ETF 份额。同时，还可进行网下现金认购和网下实物认购。

网上认购采取现金形式，以份额申报，不可撤单。单一账户每笔认购份额应为 1 000 份或其整数倍，最高不得超过 99 999 000 份。投资者可以多次认购，累计认购份额不设上限。

投资者还可持证券账户通过证券公司各营业网点使用现金或股票认购基金份额。

投资者进行网下股票认购时,原则上可以用单只或多只成份股票申请认购,基金管理人按规定的股票定价方式计算投资者所提交的股票市值金额,按市值金额确认基金份额。

首先我们需要注意的是,ETF 是一篮子股票,它的价值永远和这一篮子股票挂钩。所谓一篮子股票,就是一系列股票的加权平均。比如,它可以由股票 A、B 和 C 组成,其权重分别为 0.2、0.5 和 0.3,那么 ETF 就可以表示为:

$$ETF=0.2A+0.5B+0.3C$$

ETF 和开放式基金的认购程序是相同的,可以采用网上认购或网下认购。不同的是,ETF 的认购既可以用现金认购也可以用指定股票认购。

如果是用现金认购,则像购买开放式基金一样,在资金账户中存入相应金额即可,ETF 的认购价格仍然为 1 元每份。

如果是用相应股票认购,则需要按当日股票均价计算股票价值,然后转化成相应基金份额。既然 ETF 涉及股票交易,那么投资者既需要开通基金账户,还需要开通证券账户,以应对相关的涉及股票的交易。

另外,ETF 还可以采用份额认购,这与开放式基金略有不同。

假设 ETF 发行的认购费率为 1%,某投资者采用现金认购,欲认购 10 000 份,则

认购费用 = 认购价格 × 认购份额数 × 认购费率

$= 1 × 10\,000 × 1\%$

$= 100$ 元

那么，投资者需要在资金账户至少存入 10 100 元，认购才能成功。而如果投资者选择股票认购，比如用 1 000 股 A 股票认购，当天 A 股票的市场均价为 15 元，那么投资者股票的价值即为可认购份额：

可认购份额 = A 股票均价 × A 股票数量 ÷ 每份价格

= 15 × 1 000 ÷ 1

= 15 000 份

认购费用 = 认购份额 × 每份价格 × 认购费率

= 15 000 × 1 × 1%

= 150 元

此时，投资者可以选择再缴纳 150 元现金费用，也可以选择不缴纳，那么费用将从股票价值中扣取，即

认购份额 = [股票价值 ÷（1+ 认购费率）]/ 认购价格

= 15000 ÷（1+1%）÷ 1

≈ 14 851.49 份

（四舍五入保留两位小数），这里的例子只是简要说明。关于费用，招募说明书一般会做详细的介绍。

申购与赎回 ETF

基金的申购是投资者在基金募集期结束后，申请购买基金份额的行为。

基金赎回是指投资者直接或通过代理机构向基金管理公司要求部分或全部退出基金份额，将基金份额对应的资

金返回到投资者的账户中。

交易所会对当天符合要求的申购、赎回申请予以确认，对不符合要求的申购、赎回申请做无效处理。投资者当天就可以在代理券商的营业点查询确认情况。

ETF 的申购是用一篮子股票换 ETF 份额，获得的 ETF 份额可以在二级市场中进行交易。

ETF 的赎回是通过二级市场买入基金份额进行赎回操作，获得一篮子股票。一篮子是 ETF 的最小申赎单位，投资者在申购的时候除了一篮子股票外还要多准备一点钱，以补充"现金差额"。

在当天收市后，登记结算机构会为投资者办理组合证券的清算和交收，在下一个交易日办理基金份额、现金替代等的交收以及现金差额的清算，再在下下个交易日办理现金差额的交收，并将结果发送至代办机构。

在 ETF 的赎回过程中用到的投资者申购、赎回清单包含最小申购、赎回单位所对应的各成分证券名称、证券代码及数量、现金替代溢价比例、固定替代金额和现金替代标志等信息。

它相当于申购一篮子ETF的一个详细清单,让投资者知道需要什么样的证券组合才能换到一篮子的ETF的基金份额。

申购前,投资者须先查询管理人当日发布的申购赎回清单,该清单公布当天最小申购单位兑换的证券组合,因为ETF的申购和赎回是实物对价,只能用股票组合和交换基金份额。

如果有些股票在当天停牌或是因其他原因无法购买,就用现金替代该股票的价值。

投资者在填写完申购或赎回申请后,还须保证相应账户有足够的用来交易的证券或现金。

ETF 申购和赎回的原则

这里只介绍一些实用性较强的简单原则:

申购和赎回的时间仍然是在交易日的交易时间,周一到周五每天上午 9:30 ~ 11:30,下午 13:00 ~ 15:00,法定节假日休市。

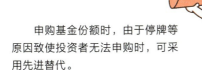

申购基金份额时,由于停牌等原因致使投资者无法申购时,可采用先进替代。

一般原则是:涨停证券采用涨停价,当天停牌证券采用前一日收盘价,当天停牌但有交易的采用最新成交价。

当遇到不可抗力、交易所停市、相关机构异常情况等原因造成申购或赎回无法正常进行时，管理人可以暂停接受投资者的申购、赎回申请。

ETF 在两个市场的套利

由于 ETF 可以同时在两个市场交易，二级市场的供求关系形成的价格和由组合证券实时表现决定的一级市场申购、赎回价格之间出现偏离是很正常的。此时，就可以通过在两个市场的交易实现套利。

ETF 套利方法

如果二级市场价格高于一级市场价格，投资者可以先按照当日申购、赎回清单购买证券组合，然后申购 ETF 份额，再到二级市场上卖出，赚取差价。

如果二级市场价格低于一级市场价格，投资者可以先在二级市场买入基金份额，然后赎回基金份额，再卖出赎回的组合证券，赚取差价。

当然在此过程中，套利者应考虑好交易成本和交易时机，因为好的套利机会可能稍纵即逝。由于这种机制的存在，ETF 避免了封闭式基金存在的大幅折价交易的现象。

单市场 ETF 和跨市场 ETF

根据投资市场的不同，ETF 可以分为单市场 ETF 和跨市场 ETF。

单市场 ETF

单市场 ETF 是指以单一市场指数为跟踪标的 ETF。如果 ETF 跟踪指数的成份股都是上交所上市的股票，即上交所的股票代码"60****"，就是上交所单市场 ETF。例如，大家常听到的上证 50 就是上交所上市的市值最大的 50 只股票。单市场 ETF 就是跟踪成份股来自上交所的指数，我们在常见的上交所单市场 ETF 产品中截取 10 只，展示如下。

如果指数成份股代码都是"000***"（深市主板）、"002**"（深市中小板）和"300***"（深市创业板），则其指数成份股都来自深交所，发行该指数的 ETF 产品都属于深交所单市场 ETF。例如，我们常说的深 100ETF、中小板 300ETF 和创业板指 ETF 都是深交所单市场 ETF 产品，我们截取其中 10 只展示如下。

上交所单市场 ETF 产品

基金代码	指数基金名称	成立日期	标的指数简称	资产规模/亿元
510050	华夏上证50ETF	2004/12/30	上证50	380.85
510180	华安上证50ETF	2006/04/13	上证180	200.70
510810	汇添富中证上海国企ETF	2016/07/28	上证国企	100.90
510820	汇添富上海改革发展ETF	2017/12/01	上海改革	45.15
510230	国泰上证180金融ETF	2011/03/31	180金融	39.08
510880	华泰柏瑞红利ETF	2006/11/17	上证红利	14.24
510010	交银180治理ETF	2009/09/25	180治理	4.79
510130	易方达上证中盘ETF	2010/03/29	上证中盘	2.59
510290	南方上证380ETF	2011/09/16	上证380	2.29
510030	华宝上证180价值ETF	2010/04/23	180价值	2.27

数据来源：上海证券交易所官方网站

第 4 章
ETF 指数基金

深交所单市场 ETF 产品

基金代码	指数基金名称	成立日期	标的指数简称	资产规模/亿元
159901	易方达深证100ETF	2006/03/24	深证100	40.49
159902	华夏中小板ETF	2006/06/08	中小板指	26.28
159903	南方深成ETF	2009/12/04	深证成指	4.54
159905	工银瑞信深证红利ETF	2010/11/05	深证红利	9.24
159907	广发中小板300ETF	2011/06/03	中小300	2.30
159908	博时深圳基本面200ETF	2011/06/10	深圳F200	0.55
159910	嘉实深圳基本面120ETF	2011/08/01	深证F120	1.58
159911	鹏华深圳民营ETF	2011/09/02	深圳民营	0.56
159912	汇添富深证300ETF	2011/09/06	深圳300	0.92
159913	交银深圳300价值ETF	2011/09/22	深圳价值	0.65

数据来源：深圳证券交易所官方网站。

对于单市场ETF，申购、赎回以及买卖的规则如下所述。

（1）当日申购的基金份额同日可以卖出，但不得赎回。

（2）当日买入的基金份额同日可以赎回，但不得卖出。

（3）当日赎回的证券同日可以卖出，但不得用于申购基金份额。

（4）当日买入的证券同日可以用于申购基金份额，但不得卖出。

单市场ETF可以变相实现T+0交易，即当日申购可以卖出，当日买入可以赎回得到股票并卖出股票。也就是因为这个机制的存在，单市场ETF的场内折溢价水平相对较低，因为折溢价太高容易引来套利资金进行套利。

跨市场ETF

跨市场ETF是指由基金公司发起设立的，以复制的方法追踪成份股分别在深沪两所上市的标的指数，需用对应的一篮子组合证券进行申赎的ETF。跨市场ETF跟踪包含沪深两个市场（跨市场）股票指数的ETF。

第 4 章
ETF 指数基金

跨市场 ETF 就是跟踪指数的成份股涵盖了上交所和深交所上市的股票。例如，沪深 300ETF、中证 500ETF 都属于跨市场 ETF。

同样是沪深 300ETF，基金管理公司既可以选择在上交所上市，也可以选择在深交所上市。

区分是在上交所上市还是在深交所上市最简单的方法是看基金代码，上交所 ETF 交易代码为 51****，深交所 ETF 交易代码为 159***。

跨市场 ETF 最大的难点是投资者用股票组合申购时交易所如何判断另外一个交易所的股票是否真实存在，因此导致两个交易所对跨市场 ETF 采用了不同的交易模式。

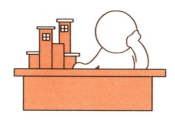

（1）上交所跨市场ETF强调效率和T+0。上交所跨市场ETF对ETF里的深圳股票通过现金替代的方式，实现了T+0。

以沪深300为例，投资者申购上交所的沪深300ETF，需要买入成份股里面占比75%左右的在上交所上市的股票，然后加上25%的现金交给该ETF的基金管理公司。

由基金管理公司通过实时买入25%深圳上市的股票，即可实时确认，投资效率非常高。

这个模式的优点是效率非常高。投资者可以多次进行T+0套利，资金利用效率高。缺点是由于是基金管理人用投资者的现金实时购买深市的股票，投资成本不确定，ETF跟踪误差容易更大。

第 4 章
ETF 指数基金

（2）深交所跨市场 ETF 强调实物申赎。投资者买入上海和深圳一篮子股票进行申购 ETF，由于深交所没办法实时确认上海那部分股票是否存在，需要第二天经过中登结算公司清算确认。

所以，确认效率比上交所跨市场 ETF 模式低。投资者 T 日申购一篮子深交所跨市场 ETF，需要 T+2 日才能在场内获得 ETF 份额卖出，而上交所几乎可以实时获得 ETF 份额。

所以，深交所跨市场 ETF 的"实物申赎"模式的优点是运作透明、投资成本确定以及申赎过程风险可控，缺点是资金运用效率低，不能做 T+0。

通常，由于上交所跨市场 ETF 交易效率高，导致场内流动性会比深交所跨市场 ETF 更好，基金管理公司在跨市场 ETF 产品布局上也会优先考虑在上交所上市。

杠杆 ETF

根据运作方式的不同，ETF 还可以分为杠杆 ETF 和反向 ETF 等。由于反向 ETF 不适合普通投资者操作，在这里我们仅重点讲解杠杆 ETF。

杠杆 ETF 又称做多或看多 ETF，是交易型开放式指数基金，通过运用股指期货、互换合约等杠杆投资工具，实现每日追踪目标指数收益的正向一定倍数（如 1.5 倍、2 倍甚至 3 倍）；当目标指数收益变化 1% 时，基金净值变化可以达到合同约定的 1.5%、2% 或 3%。当杠杆倍数为 1 倍时，杠杆 ETF 实际上就相当于传统 ETF。

一般情况下，按照 ETF 的跟踪标的，杠杆 ETF 可以分为宽基指数（股票、债券、货币）、风格指数、行业指数、商品指数或其他杠杆指数系列；按照杠杆的大小，可以分为 1 倍、1.5 倍、2 倍……N 倍；按杠杆的方向，有正负之分。

例如易方达基金授权开发的第一批杠杆 ETF，跟踪标的是国内最具代表性的沪深 300 指数，杠杆大小和方向可能有 –1 倍、+2 倍或 –2 倍。

第 4 章
ETF 指数基金

杠杆式 ETF 基金的最大好处是能让投资者不需向券商融资,就能放大资金杠杆,提高资金的使用效率。

但同时也要注意,杠杆式 ETF 基金是高风险投资工具,适合风险承受能力强的人投资。

与股指期货、融资融券相比,杠杆 ETF 的投资准入门槛较低,无论是资金门槛还是对专业性的要求;与股指期货工具相比,杠杆 ETF 无持仓限制,无须缴纳保证金,不需要进行保证金管理,操作风险更低。

杠杆 ETF 是为追求杠杆投资的投资者而推出的,对于不方便运用股指期货或融资融券的投资者及套利者提供了高效、便捷的杠杆投资工具,也将我国 ETF 产品的发展推向了行业制高点。

杠杆 ETF 概况

名称	内容描述
投资目标	杠杆 ETF 通常追求每个交易日基金的投资结果在扣除费用前达到目标指数每日价格表现的正向一定倍数,如 1.5 倍、2 倍甚至 3 倍,但通常不追求超过一个交易日以上达到上述目标。这意味着超过一个交易日的投资回报将是每个交易日投资回报的复合结果,这将与目标指数在同时期的回报不完全相同
投资对象	杠杆 ETF 主要投资于目标指数组合证券和金融衍生工具,其他资产通常投资于国债及高信用等级和高流动性的债券等固定收益产品 以 Pro Shares 系列为例,其杠杆 ETF 可以投资的证券及金融工具有:股票类证券,包括普通股、优先股、存托凭证、可转换债券和权证;金融衍生工具,包括期货合约、期货期权、互换合约、远期合约、证券和股票指数期权等;国债、债券和货币市场工具;融资融券、回购等

投资策略

具体来说,杠杆 ETF 投资策略包括以下三项内容。

（1）正反杠杆 ETF：所谓正反杠杆 ETF，就是指在设定的时间段内实现投资组合的相对于跟踪指数的杠杆收益。

就基金管理而言，非传统 ETF 比传统 ETF 要复杂，通常除了需要投资于基础指数的成分证券，非传统 ETF 常常还要使用指数期货、互换合约等衍生金融工具，以实现如杠杆、反向等收益效果。

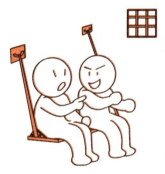

顾名思义,杠杆 ETF 是对基础指数涨跌幅度的一种放大。例如,以标普 500 指数两倍为跟踪目标的杠杆 ETF,若当日标普 500 指数上涨(下跌)1%,则此杠杆 ETF 会上涨(下跌)2%。

反向 ETF 的设计目标是要获得与基础指数收益相反的回报。例如,以标普 500 指数反向为跟踪目标的反向 ETF,若当日标普 500 指数上涨(下跌)1%,则此反向 ETF 会下跌(上涨)1%。

以美国市场为例,尽管传统 ETF 在 2002 年就已问世,然而首只杠杆 ETF 和反向 ETF 直到 2006 年才出现。

第4章 ETF指数基金

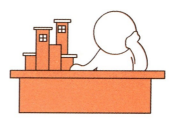

与传统 ETF 相比,非传统 ETF 不但历史较短,而且市场份额也较小。

杠杆 ETF 的首要重大意义在于成功地对接证券和期货两个市场,有利于促进证券现货市场和股指期货市场的双向繁荣,增强 A 股的流动性和价格发现功能,填补了市场空白。

(2)杠杆和反向 ETF 使用衍生产品:和空头卖家一样,反向 ETF 的投资者是在股票价格下跌时获利的。因此,这种投资可以用作整体股票投资组合的对冲工具。

杠杆 ETF 可以让投资者获得相当于基准指标涨幅 2 倍甚至 3 倍的回报——当然,亏损额度也会翻番。

（3）两倍杠杆 ETF 指数：理论上当其跟踪的指数上涨 1% 时，其涨幅应该是 2%；反向指数则是当跟踪指数下跌 1% 时，反向指数上涨 1%。

从国际 ETF 界的发展来看，杠杆 ETF 和反向 ETF 是 ETF 发展的两大热门，通过放大及逆转 ETF 的净值波动为投资者利用普通现金账户进行做空和杠杆交易提供了可能。

不过，这些杠杆手段创造出来的所谓翻倍效果只是短期有效的。而在长期层面，它是无法模仿出包括复利和其他因素所带来的回报的。事实上，这也是投资者对于这些 ETF 最容易产生的错觉之一，后者的波动性很可能会达到极为惊人的程度。

第 4 章
ETF 指数基金

杠杆型和反向型产品其实都是为了短期持有所设计的。因此,其周转率十分惊人,在所有 ETF 当中都堪称是最为活跃的品种。

这种波动极为剧烈的 ETF 产品既可能出现在表现最佳的名单之内,也可能出现在表现最差的名单之内。

盈利与损失

在杠杆 ETF 中,每日重新平衡是通过期货合约和互换合约实现的。滚动合约时难免会高卖低买造成损失,杠杆 ETF 比这更大的损失也会出现。

（1）市场单边上升：设起始指数为100，每天上涨5个百分点。

ETF的累积回报率比指数本身回报率的两倍要大。上涨5天，指数两倍的累计收益率为50%，而两倍杠杆ETF收益率是54.76%。

（2）市场单边下跌：设起始指数为100，每天下跌5个百分点。

杠杆ETF的下跌幅度比指数本身幅度的两倍要小。下跌5天，指数两倍的累计收益率为-50%，而两倍杠杆ETF收益率是-45%。

总之，作为一种透明度高、费率低廉、资金使用效率较高的投资工具，ETF是重要投资品种。

第 4 章
ETF 指数基金

(3)波动的市场:假设指数上下波动,4 天一个周期,两次回到 100 点。假定指数第一天涨 10%,第二天跌 10%,第三天涨 10%,第四天跌 10%。

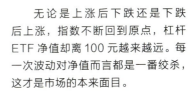

无论是上涨后下跌还是下跌后上涨,指数不断回到原点,杠杆 ETF 净值却离 100 元越来越远。每一次波动对净值而言都是一番绞杀,这才是市场的本来面目。

如果将这个实验一直进行下去,基金净值将跌得不到原来的 1%。

ETF 投资策略

对于普通投资者而言，ETF 是一种易上手且交易成本低廉的产品。究竟运用什么投资策略 ETF 会获得超额收益呢？在这里主要介绍四种投资策略，投资者可根据自己的实际情况选择适合的投资策略。

第 4 章
ETF 指数基金

1. 被动 + 主动投资组合策略

通俗来讲,被动 + 主动投资组合策略就是将指数基金的股票资产分成两部分,每个部分一般分别由不同的投资组合组成,其中一个部分在整个投资组合中所占的权重更大些,对整个投资组合的安全和收益起到"保驾护航"的决定性作用,因而称之为"核心投资组合"。

另一个部分在整个投资组合中所占的权重略小,以核心组合为基本依托,但是就像一颗颗卫星围绕着大行星遨游太空一样。

在一定条件的约束下,它可以有更加广阔的投资空间,投资更加主动、更加积极、更加灵活,因而称之为"卫星",它往往能获得令人惊喜的收获。

被动+主动投资组合策略的核心在于组合投资中,既发挥核心投资的长期稳定收益、低风险的优势,又充分体现卫星投资把握超额收益的机会。且组合间的相关性很低,能够有效分散投资风险。

例如,在指数基金投资中,以某类指数成份股作为核心组合,被动投资获取市场平均水平收益;以优选部分股票作为主动投资,追求超越市场平均水平的收益。目前,这种投资策略已在国内基金公司得到普遍应用。

第 4 章
ETF 指数基金

被动 + 主动投资组合策略虽然是基金投资中运用的最主要策略之一,但其基本理念延伸至 ETF 投资上也具有同样的效果。

根据个人情况的不同,可以将"核心投资组合"的比例设置为 30%~70% 或 20%~80% 等。投资者在具体投资品种的选择上,也可以将这种策略进行细分。

比如投资 ETF,分析当前市场情况,以确定成长的大消费板块类 ETF 为核心配置,以蓝筹股作为卫星,重点把握交易性机会。

另外,被动 + 主动投资组合策略不是平均分配,而是有主有次,比例的分配相当重要。因此,对市场的整体判断以及个人对风险的偏好程度决定了核心资产的内容及比例,而这也是一个需要动态调整的过程。

2. 定期投资策略

定期投资是一种淡化择时难题的长期投资方法，定投往往要经历一个以上的牛熊周期，以时间换空间，在熊市中攫取更多份额以摊平成本。定期投资省心省力，准入门槛较低，非常适合缺乏经验的投资者。

虽然定期投资可以随时进场且重在止盈，但投资者在运用定期投资策略时还是应该适当注意进场时的市场情况。

在单边上扬市场和"倒V型"震荡市场中，定期投资收益率低于一次性投资；在单边下跌市场和"V型"震荡市场中，定期投资完胜一次性投资。

因此，无论投资者何时进场，只要能坚持不懈地定期投资，合理止盈，总能摊低成本，总能迎来那道美丽的微笑曲线。

止盈并不意味着停止定投，而是把之前累积的本金和收益取出，继续以更高的额度进行新一轮定期投资。

止盈策略十分重要。举个例子，有投资者投资中证500ETF基金，假设从2005年1月1日开始，每月定投1万元。截至2008年12月31日市场上一轮下跌的低点，我们对投资者对ETF定期投资收益有无止盈的结果进行了比较，展示如下。

对 ETF 定期投资收益率的比较

投资方式	投资总额	累计资产	投资收益率
持续定期投资，没有止盈	48 万元（分为 48 期投入）	60.3 万元	25.55%
收益达到200%，赎回50% 基金	48 万元（分为 48 期投入）	84.6 万元	76.30%

数据来源：WIND。

3. 分批次买入策略

对于定期投资指数基金策略，如果弱化其时间因素，而是根据净值的涨跌分批次买入，同样可以达到以时间换空间、摊平成本的投资效果。

例如，一只 ETF 目前是 1 元，你有 10 000 元。在 1 元的时候你用 5 000 元买入，等涨到 1.1 元时再买入 3 000 元，涨到 1.2 元时买入 2 000 元。这种做法的好处是若股票跌了，你只用了 5 成仓位（5 000 元是 10 000 元的一半）购入，降低了风险，这种加仓方法属于看涨行情的金字塔加仓方法。

有人爱追涨，也有人爱抄底。尤其是价值投资者，往往对于好股票，越跌越买。对于下跌中的股票，采用金字塔加仓法，无疑更具实战价值。所谓看跌行情的金字塔加仓法，就是每次加仓的数量都比上一次要多。

毕竟在震荡市中下跌不可能无限制，每次下跌都意味着继续下跌的可能性在减小,因此加仓数量应逐渐加大,确保加仓额度随下跌概率减小而上升。

以中证500ETF为例,具体方法就是第一次买入10%的中证500ETF,后市下跌N%;第二次买入20%的中证500ETF,后市再下跌N%;第三次买入30%的中证500ETF,后市再下跌N%;第四次买入40%的中证500ETF。

4. 波段操作策略

波段操作在股市中经常被短线投资者应用,它是一种在价位高时卖出股票、在价位低时买入股票的短线投资方法,通过捕捉短线机会来获取长期收益。

ETF在交易制度上与股票一致,但交易费用相对较为低廉。因此,ETF可作为一种理想的投资工具,用以获取指数在短期内所带来的波动收益。

第 5 章

筛选高收益指数基金

衡量指数是否被低估,可以选择相对估值的方法,参考指数的历史 PE,选择在低于历史 PE 中位以下的区域进行定投。

图解指数基金
极简投资策略

指数编制原理

要从众多指数基金中挑选出合适的基金非常不容易,既需要指数基金有令人满意的收益率,又要基金公司能够稳定经营。事实上,挑选指数基金可以分为两步走——先选指数,再选指数基金。

1. 考察指数历史走势

指数的历史走势很容易找到,投资者可在股票交易行情软件中输入指数代码,或者直接输入指数名称就可查找指数走势。

例如,沪深300就输入沪深300,将指数的收盘点位数据导出来,然后和其他指数进行比较,如与中证500、中证全指的历史收益率进行比较,了解这个指数的历史走势情况,帮助你了解什么环境下这个指数会表现得较好。

2. 了解指数编制方案

每个指数基金都有指数编制方案,了解指数的编制方案是购买指数基金前的首要步骤。

指数编制方案很好找,如果是中证指数公司编制的指数,在中证指数公司的官网就能找到对应指数的编制方案。如果是深圳证券信息公司编制的指数,在国证指数官网就能找到对应指数的编制方案。

通过编制方案,投资者可以了解指数的指数代码、调仓频率和加权方式等。

我们以沪深300指数为例,进入中证指数公司的官网,找到沪深300指数的编制方案,通过编制方案了解沪深300指数的以下三条信息。

(1)选样的方法:按照这个选样方法,选出的是A股市值最大的300只股票,自己买的沪深300指数就相当于买全市场最大的300家上市公司的股票。

(2)市值加权的方法:沪深300采用的是自由流通量加分级靠档,简单理解就是市值加权方法的一种。通常,自由流通市值越大的,权重越高。

（3）调仓频率和调整数量：中证指数专家委员会一般在每年 5 月和 11 月的下旬开会审核沪深 300 指数样本股，样本股调整实施时间分别是每年 6 月和 12 月的第二个星期五的下一交易日。定期调整指数样本时，每次调整数量一般不超过 10%。

3. 分析指数市值以及行业分布

指数的市值、指数成份股、总市值和平均个股市值对于指数的表现起着重要作用。截至 2019 年 12 月 31 日，沪深 300 指数成份股数量仅占全部 A 股数量的 8% 左右，但其总市值达 38.98 万亿元，在 A 股总市值中的占比近 60%，流通市值为 13.30 万亿元，占比达到 54%。

分析指数的行业分布,这个数据可以在 WIND 数据库软件中找到,它也会对这些数据进行实时更新。

从行业权重来看,沪深 300 指数的行业分布较为全面和均衡,成份股覆盖 27 个申万一级行业,主要集中在金融、食品饮料和医药生物等行业。

沪深 300 指数的大部分成份股市值较大,具有较强的行业竞争优势,为行业龙头企业。同时具备股息率较高等特征,价值属性较强。

此外,这些成份股的历史业绩大多表现优秀,尤其是 2019 以来,均使投资者获取了优秀的业绩回报。

4. 分析指数价值

常见指数的估值包括指数的市盈率（PE）、市净率（PB）、净资产收益率（ROE）和股息率，这些都是反映某一指数估值水平的重要信息。

要想获取指数估值的相关数据，一般可以通过以下三种途径。

（1）各种财经网络平台：每天都会更新当天市场主流指数及行业指数的估值数据。另外，且慢、雪球以及广发基金 App 等平台都会发布指数估值数据。

（2）指数公司官网：大家可以登录中证指数公司官网、国证指数官网，找到相关行业板块的估值数据。

（3）WIND 或 CHOICE 等金融终端：WIND 金融终端属于收费软件，是一般基金公司、证券公司以及私募基金公司必备的软件。如果大家不想花这笔费用，可以通过前面介绍的两种免费方式获得相关数据。

选择被低估的指数

选择一个好指数,应该遵从以下挑选原则。

(1)选择低估的指数。短期来看,指数价值会根据市场买入、卖出的行情产生波动,长期必然会回归到合理的水平。所以应在指数价值低估时买入,在价值高估时卖出。常言道"指数基金越跌越买",就是这个道理。

投资个股的时候,即便选中了一家优秀的公司,如果支付了过高的价格,透支了企业未来几年的盈利,也会导致投资失败。

投资指数也一样,支付过高的溢价将导致长期浮亏。虽然指数基金定投可以摊薄成本,亏损的概率比个股小很多,但是投资者没有必要为价值 100 元的东西而支付 120 元的价格。

衡量指数是否被低估,可以选择相对估值的方法,参考指数的历史 PE,选择在低于历史 PE 中位以下的区域进行定投。

对于像上证 50、沪深 300 这样的蓝筹股指数,还必须保证盈利收益率高于 10%,也就是在低于 10 倍 PE 的时候才能定投。

不仅如此,投资者还可以横向比较低估的指数,选择折价程度高的基金指数。比如 H 股指和沪深 300 的成份股高度重合,定投的效果是差不多的,因此可以选择更低估的那只指数基金进行投资。

投资者切记:预先设定一个标准,且严格执行,一旦PE超过预定的标准就要停止定投,换入其他低估的指数基金进行定投。

(2)宽基为主,窄基为辅。指数可分为综合性指数和行业性指数,也就是宽基指数和窄基指数。宽基指数如沪深300、中证500,它们覆盖面广,风险分散程度高,而且最近几年的收益率都不错;窄基指数如中证消费、中证医药、300能源等,代表的是某一行业的表现。

考虑到有些行业比如券商的周期性比较强,有可能几年都不景气,风险比较高,而综合性指数覆盖面广,所以建议投资者选择指数时以宽基指数为主,可以适当配置部分行业指数,比如必选的消费和医药指数,它们的弹性比较小。

例如,一些投资者配置70%的沪深300和中证500,30%的中证消费和300能源,这就构成了一个以宽基指数为核心、以窄基为辅助的指数投资组合策略。

分析筛选指数

一个指数的优劣将直接决定指数基金的业绩,所以挑选一个合适的指数是非常关键的,这将很大程度上决定投资的收益。本节,我们将以红利策略指数为例来说明如何筛选合适的指数。

目前,证券市场上有中证红利、上证红利、深证红利和标普红利等四大红利指数。它们都采用红利策略,但哪个指数才是最好的呢?这还需要我们对这四个指数做一个比较全面的衡量。

从指数编制的角度选择

现将这四个红利指数的编制方法汇总,通过分析可以发现,虽然它们都是采用红利策略的,但在指数的编制上却有着很大的不同。

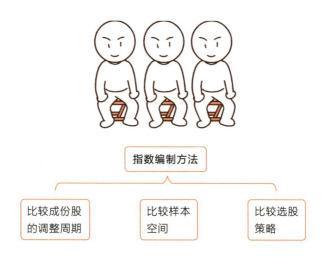

1. 比较成份股的调整周期

成份股调整是指指数公司根据样本稳定性和市场情况对指数成份股进行定期调整，剔除不符合条件的个股并纳入符合条件的成份股。

中证红利和上证红利在6月份调整成份股，深证红利在12月份，而标普红利在6月份和12月份都会做成份股的调整。

相对于中证红利、上证红利、深证红利来说，标普红利每年调整成份股的次数更多，周期更短，这样就可以及时将走下坡路的成份股剔除，重新换入符合要求的成长股，成份股的自我更新和新陈代谢保证了指数的长盛不衰。

2. 比较样本空间

上证红利和深证红利各只有 50 只成份股,且只在上证或者深证市场选取样本股,而中证红利和标普红利都从沪深 A 股市场筛选成份股,数量都是 100 只。

也就是说,从选样空间和成份股这两方面来看,标普红利和中证红利相对于上证红利和深证红利优势更加突出,都是跨市场选股而不是单市场选股,而且成份股是后者的两倍,选样空间更广,市场代表性更强,也就更容易选出优质个股。

3. 比较选股策略

每个指数都有其自己的选股规则,并按照选股规则选出一篮子股票。

在选股方法上,上证红利和中证红利是一样的,以股息率、市值和流动性三个因素来筛选样本,然后按照股息大小进行排序,选出最终的成份股。

深证红利是以股息和流动性两个因素选样本的，然后将流动性和股息以1:1权重进行排序，选取成份股；而标普红利在筛选样本时，不仅考虑股息率、市值和流动性，还要考察盈利能力。

也就是说，相对于其他三个红利指数，标普红利的选样标准更加严格和全面，在考虑股息率、规模和流动性的同时也兼顾了个股的成长性。

指数成份股的分布

衡量宽基指数一个很关键的因素就是成份股的行业和个股市值的分布，分布越均衡，风险就越分散，受市场某一时期的某一个特征的影响就越少。

1. 比较行业权重分布

与其他三个指数不同的是，标普红利指数前三大权重占比和第一权重占比是最低的，而且各行业的占比也更加均衡，这主要得益于标普红利对行业和个股的权重有上限规定（各股的权重上限3%和行业的权重上限33%），避免了某一行业或者各股权重占比过高,能有效地分散市场风险。

通过对中证红利、上证红利、深证红利、标普红利的行业权重分析,我们发现上证红利前三大权重行业的占比为70%,第一权重金融地产占比为35%。

中证红利前三大权重行业的占比为66%,第一权重金融地产占比为28%。

深证红利前三大权重行业占比为83%,第一权重可选消费占比为37%;标普红利前三大权重行业占比为54%,第一权重可选消费占比为21%。

2. 比较个股市值

通过对比各红利指数成份股流通市值区间的各股占比，我们发现上证红利以大盘股为主，500亿元市值以上的各股数量占比达到58%，而100亿元以下的小市值各股占比为0。

中证红利与上证红利差不多，也是以大盘股为主；深证红利200亿~500亿元市值的各股数量占比为50%，以中盘股为主。

标普A股红利各市值区间的各股数量占比都在20%以上，大中小盘的占比非常均衡，能够弱化A股市场"二八现象"对红利指数的影响。

相较于上证红利、中证红利、深证红利，由于标普红利更加全面和合理的指数编制方法，其选股范围广、成份股数量多，选股条件也较为严格，考虑的因素也是最多的，成份股的分布也是更加均衡的。

同时，标普红利还考虑成份股的盈利成长性，造就了其惊艳的历史收益。因此，标普红利指数就是适合投资者的红利指数。

指数基金与指数间的偏差

一般来讲，指数涨多少，指数基金就涨多少。但为何有的时候指数基金和跟踪指数本身有很大偏差呢？这涉及指数基金跟踪误差问题。

跟踪误差是指组合收益率与基准收益率（大盘指数收益率）之间差异的收益率标准差，反映了基金管理的风险。

跟踪误差产生的主要原因在于：一是股票停牌，估值调整；二是基金大额申购、赎回导致的仓位变化；三是其他原因。

罗纳德·J. 瑞安（Ronald J. Ryan）（1998）认为，跟踪误差可以对组合在实现投资者真实投资目标方面的相对风险做出衡量，因此是一个有效的风险衡量方法。

基金的净值增长率和基准收益率之间的差异收益率称为跟踪偏离度,跟踪误差则是基于跟踪偏离度计算出来的,这两个指标是衡量基金收益与目标指数收益偏离度的重要指标。

1. 由于股票停牌产生误差

由于现时规定长期停牌的股票要按照证监会行业指数进行估值调整,而指数不会对停牌股票进行估值调整,因此二者之间的差异可能产生跟踪误差。

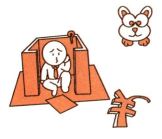

假定指数基金触发估值调整的停牌股票占30%,而对应的指数里面的停牌成份股每天涨跌幅都为0,因为价格不变,而对应基金资产里面的停牌成份股要按照指数收益法进行调整。

若当天对应行业指数上涨 3%，会计处理上需要对这只停牌股票进行估值调整，则停牌股票对于基金的净值是增厚 0.9%；反之，若对应行业指数下跌 3%，则停牌股票对于基金的净值是减少 0.9%。

复牌会导致偏差，由于用指数收益法调整的股票估值和实际交易价格可能有较大偏差，也会导致当天基金净值和指数涨跌幅产生偏差。

例如，鹏华基金管理的国防军工指数基金在 2016 年 2 月 18 日对应的国防军工指数跌了 2.21%，而实际基金净值仅跌了 0.64%。其主要原因是由于航天科技股票复牌，停牌期间行业指数累计下跌了 37%，导致调整航天科技股票估值价为 33.06 元。

结果复牌首日尽管跌停,但是盘中打开跌停且成交活跃,航天科技的估值调整为当天收盘价 47.59 元,相当于股票价格一天涨了约 44%。因此,国防军工指数基金当天的净值和指数较大的误差是由航天科技股票复牌导致的。

2. 由于大额申购与赎回产生误差

大额申购对于指数基金的影响主要在于稀释基金次日的涨跌幅。

大额赎回对于指数基金净值的影响主要表现在两方面:一方面是赎回发生的赎回费对基金净值的影响;另一方面是赎回、卖出的价格对指数基金的影响。

第 5 章
筛选高收益指数基金

例如，2015年10月23日中证医疗指数涨幅4.86%，而跟踪该指数的广发中证医疗指数基金当日净值涨幅仅为1.61%，差异原因在于广发10月22日有大额申购。

当日申购的资金享受次日的涨跌幅，但由于资金结算原因，该笔资金第二天尚未到账，基金经理无法及时建仓，所以稀释了当天基金的涨幅。

同理，如果第二天指数大跌，大额申购资金也会稀释当天基金的跌幅。

赎回费对基金净值的影响：由于基金合同一般规定赎回费归入基金净资产的部分不低于25%，这是对继续持有者的保护。

一般股票型基金的赎回费率为0.5%，假设发生98%基金份额的赎回，并且赎回费的25%归入基金净资产，不考虑其他因素的影响，大额赎回对于当天净值能够增厚6.125%。

赎回、卖出的价格对指数基金的影响：由于投资者赎回的份额按照当天的收盘净值确认，但是对应的赎回仓位一般是要次日之后才卖出，由于卖出价与当日收盘价存在偏差，所以也会对次日基金净值产生影响。

例如，假定发生20%基金份额的大额赎回，若第二天对应指数最高涨幅为4%，最低跌幅为4%，收盘时候涨幅为0%，不考虑其他因素，若指数基金经理选择于最高涨幅

4%时全部卖出,那么这部分赎回对于当天基金净值的影响为正1%;反之,若指数基金经理选择于最低跌幅时全部卖出,那么对于该基金当天净值的影响为负1%。

3. 其他原因

除上述提及的原因外,影响指数基金跟踪误差的因素还包括现金余额、成份股调整、成份股分红、各种费用支出以及管理人经验与运作水平等。

很显然,管理费越高,ETF组合预期年化收益率就越低,从而跟踪误差就越大,因为基准指数是"不收任何管理费"的。因此,管理费是影响ETF组合不能很好地复制基准指数的重要因素之一。

(1)复制误差:当指数基金的某些成份股因流动性不足而难以以公允的价格买到时,指数基金将只能采用抽样复制法,增加交易活跃股票的权重,减少流动性差的股票的权重。

在这个过程中,指数基金的管理团队需要通过建立一系列的数量模型来控制、修正跟踪误差。对复制误差的修正,是非常考验基金经理的管理能力的。

（2）现金拖累：指数基金组合通常会持有小部分现金，主要是因为：一是不断会有小部分现金流入到基金中来，并且这部分现金不会立即用于组合投资；二是基金留存小部分现金以应付赎回和支付基金管理费；三是这部分现金还有利息收入，当基准指数收益与利息收入不一致时，就会导致跟踪误差。组合中持有的现金比例越大，跟踪误差就越大。

（3）管理费及各项费用：管理费是运营ETF、复制基准指数的成本，也是基金管理人付出劳动所应得到的报酬。管理费一般占基金净值的一定比例。

例如，美国ETF的年度管理费率一般占基金净值的0.08%~0.99%。管理费一般是逐日计算、逐月计提。通常，我们可以清楚地看出管理费是如何减少基金单位净值从而加大ETF跟踪误差的。

另外，其他包括印花税、扣缴税、经纪佣金、买卖报价价差、市场冲击成本、股利拖累成本、外汇波动成本、注册登记费、指数使用费和其他交易成本等各项费用成本，在 ETF 复制基准指数时也都会造成净值跟踪误差。

作为一组股票的构成，基准指数反映的是这组股票的市值，它并不真正拥有一个股票组合，因而也就不会面临各种各样的税费。

（4）估值效应：估值效应是指因采用不同的估值模型对基准指数中交易不活跃的成份股估值有差别从而导致的跟踪误差。

也就是说，当基准指数中含有交易不活跃的成份股时，若 ETF 的基金经理采用不同于基准指数组合的估值模型的话，就会导致对同一只成份股形成两个估值，从而导致净值跟踪误差。

降低误差

作为基金管理人，需要最大程度地降低指数基金的跟踪误差。尽管影响指数基金跟踪误差的因素很多，但基金管理人可以凭借经验与流程设计，尽量降低指数基金的跟踪误差。

作为投资人,需要考察基金管理人是否采取了足够的措施来降低跟踪误差。

(1)如何减弱成份股调整对指数基金跟踪误差的影响,是考验基金管理人综合能力的一个重要方面。

合格的指数基金经理会提前预判调入或调出成份股未来价格变化以及流动性情况,并根据实际情况提前做好调仓准备。

(2)由于当前国内指数基金主要跟踪的是价格指数,价格指数不考虑分红再投资对指数的影响,而指数基金中成份股分红以及分红收益再投资会使指数基金产生正偏离。所以,分红较大的指数基金一般正向偏离更大,更易于跟踪。

(3)指数基金在运作过程中会产生运营成本、交易成本、管理费、托管费、指数使用费等系列费用。而这些费用会使得指数基金与标的指数之间产生负偏离,一般基金管理人会通过成份股分红以及择时交易等方式来减小指数基金跟踪的负偏差。

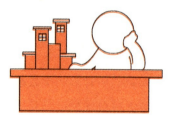

指数的估值

指数基金跟踪指数，指数又是一篮子股票，那么看指数基金的估值其实就是看指数的估值。指数的估值，其实就是一篮子股票的整体估值。

股票的估值，就是预测上市公司未来每个年份的净现金流入，再贴现到今天，得到它的绝对价值。

指数的估值其实就是指数背后所有股票估值的和，但这种绝对估值计算复杂，也不好对比，所以我们更常用的是相对估值，即采用诸如市盈率（PE）、市净率（PB）这样的指标，得到一个与股价相关的比值，并把这个比值跟同行业或板块的其他股票进行横向比较，跟它自己的历史值进行纵向比较，以此判断是高是低。能够表示相对估值的指标除了PE、PB外，还有净资产收益率（ROE）、股息率等。

总体来说，指数最常用的估值指标有以下三个。

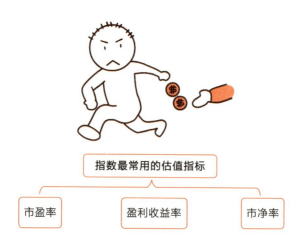

指数最常用的估值指标: 市盈率、盈利收益率、市净率

1. 市盈率

市盈率是最常用的一个估值指标,其定义是:公司市值除以公司盈利(即 PE=P/E,其中 P 表示公司市值,E 表示公司盈利)。

市盈率的分母,也就是公司盈利,可以取不同的值,从而将市盈率细分为静态市盈率、滚动市盈率和动态市盈率。

第 5 章
筛选高收益指数基金

其中，静态市盈率是取用公司上一个年度的净利润，滚动市盈率是取用最近四个季度财报的净利润，动态市盈率是取用预估的公司下一年度的净利润。

最具参考意义的是静态市盈率和滚动市盈率，因为它们是已经确实发生了的盈利，这也是我们通常所说的市盈率。而动态市盈率是预测未来的盈利，与未来的实际情况会有一定的偏差。那么，市盈率背后的信息有哪些呢？

流通性好，这是很关键的却经常被忽视的因素。

市场上某些很小的股票的市盈率有好几百倍，其实这类高泡沫股票的市盈率已经失去了参考意义。因为这类股票流通性不好，只需要很少的资金买卖就会导致其股价暴涨暴跌。流通性越不好的股票，市盈率就越没有参考价值。这是因为当投资者想参考这个市盈率去进行投资的时候，你的投资行为就会极大地影响市价，形成一种反馈效应。

市盈率的含义

（1）应付成本。市盈率反映了我们愿意为获取1元的净利润而付出多少代价。例如，某个公司的市盈率是10倍，就代表我们愿意为这个公司的1元盈利付出10元。

（2）估算市值。一个公司一年赚100亿元净利润，市盈率是10倍，其市值就是1 000亿元。

市值代表我们买下这个公司理论上需要的资金量。

很少有公司的盈利会在一年的时间里大幅波动，但是公司的市值可以在牛市的时候大幅上涨、在熊市的时候大幅下跌，原因就在于市盈率估值的大幅波动：牛市推高了投资者对单位盈利的估值。

（3）适用范围。市盈率包括两个变量，即市值和盈利。应用市盈率估值的前提有两个：一是流通性好，能够以市价成交；二是盈利稳定，不会有太大波动。

流动性越不好，这个现象越明显。A股的很多小股票也有这样的表现，几百万元就可以把这只股票打到涨停板或跌停板。在这种情况下，估值指标已经没有什么参考价值了。

有比较合理的流动性，是应用一切估值指标的前提。

第 5 章 筛选高收益指数基金

例如,中国香港市场有很多日成交量不足千元的股票,市盈率甚至只有不到 0.1,单从估值角度看,低到不能再低了。

但是当你去投资的时候却会发现,如果想要买到这只股票,你的出价可能要比上一个成交价高好多才能买到。

一般能够进入沪深 300、中证 500 之类指数的股票,其流动性都没什么问题。

盈利稳定是使用市盈率估值的第二个前提。

周期行业也不适用市盈率。例如,证券行业在牛市的时候利润暴涨数倍,原本 40～60 倍的市盈率瞬间变为个位数。从市盈率角度看好像被大幅度低估,但实际上这只是暂时的,景气周期一过,行业的利润就会骤减,市盈率从个位数又变为了两位数。周期性的行业有很多,比如钢铁、煤炭、证券、航空和航运等。基本上,提供同质化产

有的行业盈利并不稳定,不适用市盈率。例如,"市盈率陷阱"的没落行业和周期行业不适用市盈率。有的行业处于成长期或者亏损期,也不适用市盈率。

有的行业市盈率很低,但实际上行业进入了下行周期,盈利在不断减少。从 PE=P/E 这个角度看,盈利 E 不断减少,市盈率 PE 就会逐渐变大,不再低估,这就是"市盈率陷阱"。

品和服务的行业都具备比较明显的周期性,并不适合用市盈率来估值。

很明显,亏损股无法使用市盈率这个指标来估值。而正处于高速成长期的股票,公司的盈利大部分需要用于再投入扩大规模,所以盈利会被人为地调整,并不稳定,因此也不适合用市盈率估值。

总体来说,流动性好、盈利稳定的品种就可以使用市盈率为其估值。宽基指数基金大多符合这两点,所以使用市盈率为宽基指数基金来估值是可行的。

市盈率估值法适合于盈利相对稳定、周期性较弱的行业。计算以公司上一年的盈利水平为依据,其最大的缺陷在于忽略了对公司未来盈利状况的预测。

从单个公司来看,市盈率指标对业绩较稳定的公用事业、商业类公司参考价值较大,但对业绩不稳定的公司则易产生判断偏差。

以腾讯公司为例,由于公司市场前景广阔,具有很高的成长性,受到投资者的追捧,股价上升,市盈率居高不下,但按腾讯公司每年 40% 以上的利润增长速度来算,以现价购入,一年后腾讯的市盈率将大幅下降;相反,一些身处夕阳产业的上市公司,目前市盈率低到 20 倍左右,但公司经营状况不佳,利润呈滑坡趋势,以现价购入,一年后的市盈率可就奇高无比了。

地产行业也不应只看市盈率,还要看净资产价值。在一定销售价格、开发速度和折现率的假设条件下,地产企业当前储备项目的现金流折现价值剔除负债后,即为净资产价值。

比如一家地产公司刚开发的楼盘没有体现出利润,但其土地储备的可开发价值是市值的几倍。

因为土地储备远远超过市值,谁能说没有价值呢!招商蛇口也是如此,市盈率不低,但公司有大量优质的土地储备,未来可供释放利润。

2. 盈利收益率

盈利收益率是市盈率的变种。市盈率是用公司市值除以盈利,而盈利收益率则是用公司盈利除以公司市值。

换句话说,盈利收益率也就等于市盈率的倒数。

例如,市盈率是8,那么盈利收益率就是12.5%。

盈利收益率是格雷厄姆常用的一个估值指标。它所代表的意义是,假如我们把一家公司全部买下来,这家公司一年的盈利能够带来的收益率就是盈利收益率。

举个形象的例子,假设一家公司的盈利是 1 亿元,公司的市值规模是 8 亿元,那么盈利收益率就是 12.5%。

盈利收益率也是有适用条件的,适用市盈率所要求的流通性好、盈利稳定,盈利收益率也同样需要上述两个条件——流通性好、盈利稳定。

换句话说,如果我们出 8 亿元买下这家公司,这家公司的盈利可以每年带给我们 12.5% 的收益率。

这就是盈利收益率所代表的意义。一般来说,盈利收益率越高,代表公司的估值就越低,公可越有可能被低估。

3. 市净率

市净率指的是每股股价与每股净资产的比率，其定义是：PB=P/B（其中 P 表示公司市值，B 表示公司净资产）。

通俗来说，净资产就是资产减去负债，它代表全体股东共同享有的权益。具体的计算，在上市公司的年报中都有。

净资产这个财务指标反映盈利能力，而且大多数公司的净资产都是稳定增加的，并可以据此计算出市净率。

那么，影响市净率的主要因素有哪些呢？

（1）企业运作资产效率。说到市净率，就不得不说 ROE（净资产收益率）。ROE＝净利润/净资产。

对企业来说，资产本身是企业运营的要素，企业需要运作资产，并由此产生收益。这样资产才有价值。

同样的资产,有的企业可以运作它产生更高的收益,具有更高的资产运作效率。衡量资产运作效率的重要指标就是ROE。

ROE是企业所有经营指标中最关键的一个,巴菲特的老搭档查理·芒格也曾这样说过。

从长期来分析,一只股票的回报率与企业发展息息相关。如果一家企业40年来的盈利一直是资本的6%(即ROE=6%),那么40年后的年均收益率不会和6%有什么区别,即使当初买的是便宜货。如果该企业在20～30年的盈利都是资本的18%,即使当初出价高,其回报依然会让人满意。

ROE越高的企业,资产运作效率越高,市净率也就越高。

从这里可以看出,当企业的资产大多是比较容易衡量价值的有形资产,并且是长期保值的资产时,比较适合用市净率来估值。比如强周期性行业的指数基金,它们的盈利不稳定或盈利呈周期性变化,可以用市净率来估值。例如,证券、航空、航运、能源等行业都很适合用市净率来估值。

（2）资产的价值稳定性。资产的种类多种多样，有的资产能够随着时间增值，有的则会随着时间迅速贬值。

例如贵州茅台，正在酿造中的白酒会随着时间不断增值；但是英特尔公司生产的电脑芯片，如果没有及时销售，可能会迅速贬值。资产价值越稳定，市净率的有效性越高。

（3）无形资产很难衡量。传统企业的净资产很大一部分是有形资产，例如地皮、矿山、厂房、原材料等，它们的价值比较容易衡量。但是也有很多资产是无形资产，是很难衡量其价值的。

例如，企业品牌、企业专利、企业的渠道影响力、行业话语权等。如果一家企业主要靠无形资产来经营，像律师事务所、广告服务公司、互联网公司，那么用市净率来衡量就没有多少参考价值了。

（4）负债大增或有亏损。净资产是公司的资产减去负债。如果公司的负债不稳定，极有可能会干扰到净资产。公司如果出现亏损，可能也会侵蚀更多的资产，导致净资产减少。

另外，有一些比较特殊的时间段，如遇到短期的经济危机，原本盈利稳定的宽基指数基金会在短期内盈利不稳定，也可以用市净率来辅助估值。像2008-2009年美国次贷危机的时候，美股的盈利就出现过短期的大幅下滑，这种下滑是不会长期持续的，但确实会影响用市盈率来估值，因此可以用市净率来辅助估值。

市净率估值法适合流动性资产比较高的行业，如银行、钢铁、煤炭、水泥等行业。例如，银行股其实不太适合现金流折现，也不适合用市盈率来估值，因为公司的盈利是失真的。银行的市盈率很低，但大家都知道银行有坏账，如果坏账爆发，市盈率一下就高了，甚至公司的盈利变成负数了。银行股用市净率估值可能会更合理，因为我们主要看的是信贷资产质量。

4. 适用行业

从行业角度进行分析,不同的估值方法适用于不同行业、不同财务状况的公司,对于不同公司要具体问题具体分析,谨慎择取不同的估值方法。

对于钢铁、煤炭、水泥、汽车这些强周期行业,PE、PB、DCF用处都不大,因为未来现金流很难预期,固定资产清算时又是废铁,今年赚10亿元,明年可能亏20亿元,所以强周期行业不能用市盈率来估值。

按彼得·林奇的说法,反着看,强周期行业就是高PE、低PB时买入,低PE、高PB时卖出。低PE时说明行业在景气周期,大家都纷纷上马,产能扩张,未来可能就要陷入价格战的泥潭了;而高PE时表明全行业微利或亏损,也表明供给端在去产能,供需走向平衡,行业反而可能走出低谷。

对于零售行业,由于销售收入相对稳定、波动性小,且具有微利的特点,因此应考虑市销率指标。

一方面,营业收入不受公司折旧、存货、非经常性收支的影响,不像利润那样易操控;另一方面,收入不会出现负值,不会出现没有意义的情况,即使净利润为负也可用。

对于成长性较高的企业,如高科技、生物医药、网络软件开发等企业,应优先考虑PEG法,而这个方法对于成熟行业则不太适用。

PEG反映了未来预期增长率对于企业价值的影响,而成熟行业具有低风险、低增长率的特点,因此不适合运用PEG法。

对于运营商，如高速公路上市公司、电信公司，注重稳定性，则应综合考虑现金流贴现模型（DCF）和 EV/EBITDA 法。EV/EBITDA 估值方法一般适用于资本密集、准垄断或者具有巨额商誉的收购型公司，这样的公司往往因为大量折旧摊销而压低了账面利润。EV/EBITDA 还适用于净利润亏损，但毛利、营业利润并不亏损的公司。

对于固定资产更新变化较快的公司，净利润、毛利、营业利润均亏损的公司以及资本密集、有高负债或大量现金的公司，则不适用 EV/EBITDA 法。

选择优质指数基金

我们选出满意的指数后,还需要筛选出优质的指数基金,因为投资者最终要投资的是基金而不是指数。

1. 构建基金池

投资者首先要做的就是建立基金池,标注入选基金的基本信息,包括追踪的指数、成立的时间、基金类型、规模及投资策略。

这种信息通过基金的合同、定期报告或者是第三方的销售渠道,都可以轻易地获取。当投资者有了基本信息后,就可以开始做筛选工作了。

收集完基金的基本信息后,先做初步筛选,然后进一步细致分析,做排除法,这样最后留下的就是最理想的基金。

此时，投资者就能做初步筛选了。首先要排除的是规模小的指数基金和联接基金。

联接基金是指将其绝大部分基金财产投资于跟踪同一标的指数的ETF，即目标ETF，密切跟踪标的指数表现，追求跟踪偏离度和跟踪误差最小化，采用开放式运作方式的基金。作为实现与市场同步成长的一种投资方式，指数基金越来越受到广大投资者的广泛关注和青睐。

2. 比较基金规模

当我们在说基金的规模的时候，实际上讨论的是基金的流动性。所谓流动性，就是投资者买卖基金份额变换成现金的折价程度。

3. 分析跟踪误差

指数基金跟踪指数，它根据指数的成份股和权重买入同样比例的成份股。但是在实际操作中，因为一些客观原因，指数基金并不是严格按照这个要求来复制指数的，所以在模拟指数的过程中会存在误差。

产生跟踪误差的原因有很多，比如指数基金需要预留部分资金支付其他费用，因此没有满仓。

如果一家基金规模太小，那么当投资者需要卖出基金的时候，可能无法迅速找到对手，只能选择以更低的价格卖出。一旦出现行情不好，申赎集中的时候，就可能发生挤兑事件。

如果基金的规模连续一段时间低于某一个标准，还将面临清盘的危险，虽然清盘不一定产生直接的亏损，但可能导致前面定投积累的低成本份额浪费，错过了投资的时机将导致潜在的收益损失。

指数成份股停牌导致交易受限无法买入；指数成份股流动性不足导致成本差异；指数基金的业绩比较基准不完全是指数；大额申赎导致基金相对指数的涨跌被稀释；复制指数时购买股票要支付佣金和印花税，所以必然与指数有差距等。

误差产生的原因

指数基金需要预留部分资金支付其他费用，因此没有满仓。

指数成份股停牌导致交易受限无法买入；指数成份股流动性不足导致成本差异。

大额申赎导致基金相对指数的涨跌被稀释。

复制指数时购买股票要支付佣金和印花税,所以必然与指数有差距。

投资者的投资目的在于获得市场平均收益,而指数基金的跟踪误差直接影响收益率的水平。因此,跟踪指数的精确度可以说是非常重要的一个标准。

指数跟踪误差是客观存在的,没有办法完全避免。所以,投资者只能选择跟踪误差小的基金,跟踪误差越小越好,最大不要超过 4%。

通常场内基金的跟踪误差是最小的,因为场内基金采用的是一篮子股票交换基金份额的实物申赎方式,因此不需要预留资金应付申赎,能够长年保持 95% 以上的仓位。

4. 比较各项费用

指数基金采用以权重为比例复制指数成份股的被动投资方式，免去了选股、择时、频繁调仓的管理费用，因此相较于主动型基金能够低 1%～3% 的费用，相当于在起跑线就领先主动型基金几个点，长期用复利计算下来差距非常之大。

但是哪怕是同一只指数基金，不同的基金公司、不同的销售渠道，费用也是不一样的。一般情况下，指数基金管理费为 0.5%～1.0% 之间，托管费为 0.1%～0.15%，申赎费为 0.05%～0.1%。

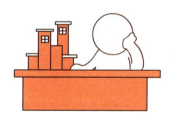

投资者可不要小看这点儿差距，如果是长期投资，在复利的作用下，一点点费用的差距将导致最终收益率减少。

投资者要尽可能选择低成本的渠道。很多场外基金为了鼓励长期投资，达到一定的投资期限都是可以免申赎费用的。在流动性和跟踪误差可以保证的情况下，对于长期投资是一个不错的选择。

分类筛选指数基金，做到优中选优

在进行基金筛选的时候，要注意选择的基金能够代表一类基金的特征，包括风险收益特征、投资风格和投资理念特征。

比如，指数基金应该和指数的表现吻合，一些指数基金虽然名字或形式上是指数基金，但是在运作上或是在业绩表现中都不符合指数基金的特点，这些基金应该被排除。

基金的代表性并不排斥基金的创新特点，有些基金为了迎合投资者的需求，会对传统的基金进行一定的细节调整，这可以成为投资者选择的理由，如果投资者觉得此创新很具有吸引力就可以选择，基金的创新不应该成为基金代表性的障碍。

业绩的好坏当然可以从历史的业绩上统计显示，历史平均业绩好的基金当然是好的首选，但我们还是建议投资者在考虑历史业绩的同时，再考虑一下未来市场的变化趋势和不同基金在不同时期的表现，毕竟一些偶然因素会影响基金业绩的真实性，不能很好地反映管理人的水平。

第 5 章
筛选高收益指数基金

在坚持了选择基金的代表性原则之后,还要进一步精益求精,即要在有代表性的基金中选择基金业绩好的基金。

我们所说的代表性,并不是说基金的收益在所有同类基金中处于平均水平或是表现平平,代表性原则是为了除去一些不稳定因素。选择业绩好的基金则可以在稳定的基础上提高基金组合的业绩。

可能某只基金一成立就赶上大牛市,没有经历过熊市的考验,虽然它的业绩好,却不能说明它的管理能力强。

第 6 章

指数基金投资策略

指数基金投资策略很多,但是不同的投资策略导致收益差异较大,因为每种策略都有其适用的环境。投资者只有活学活用各种指数基金投资策略,才能在市场中赚到"一桶金"。

图解指数基金
极简投资策略

配置表现好的行业，剔除表现不佳的行业

在股市投资中，行业轮动是一种策略配置。超配当前或者未来股价表现更好的行业，低配或者剔除表现更差的行业，以使组合获得超额收益。

在一个大牛市中，所有行业都是涨的，所以你配置什么行业、什么风格，就显得没那么重要了。但在熊市或者震荡市中，行业和风格选择可能会为你的投资业绩带来非常大的差别。

股票市场的表现与经济周期息息相关。过去投资者大都根据美林时钟模型把经济划分为衰退、复苏、过热和滞胀四个阶段，然后根据这四个阶段研究行业轮动规律。

行业指数轮动策略是指利用市场趋势获利的一种主动交易策略，其本质是利用不同投资品种强势时间的错位对行业品种进行切换以达到投资收益最大化的目的。

行业指数轮动策略根据不同行业的区间表现差异性进行轮动配置，力求能够抓住区间内表现较好的行业、剔除表现不佳的行业，在判断市场不佳的时候降低权益类仓位，提升债券或货币的比例。

目前，对于行业指数轮动策略通常采用以下两种方法。

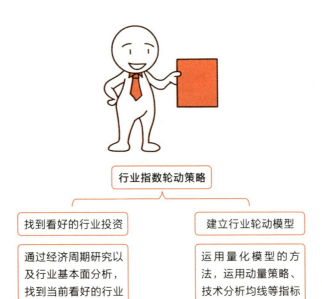

大盘股与小盘股之间不断切换

所谓大小盘轮动策略,就是二八轮动策略,"二"代表数量占比 20% 左右的大盘权重股,"八"代表数量占比 80% 左右的中小盘股票。二八轮动就是指在大盘股与小盘股之间不断切换,轮流持有。

我们以雪球蛋卷二八轮动指数为例,该指数按照趋势跟随策略编制,成分标的包含沪深 300 指数、中证 500 指数和国债指数。

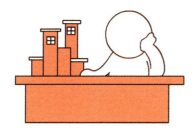

(1)每日收盘后对比当日收盘数据与 20 个交易日前的收盘数据,选择沪深 300 指数和中证 500 指数中涨幅较大的一个,于下个交易日收盘时切换为持有该指数。

（2）若两个指数均为下跌，则于下个交易日收盘时切换为持有国债指数。在判断市场好的时候，在大、小盘股票上进行轮动，基金经理持有涨势较好的指数。在判断市场不好的时候，基金经理就卖掉股票，转入风险较小的国债产品。

渔网交易策略

渔网交易又被称为网格交易，在《网格交易法数学＋传统智慧战胜华尔街》一书中有明确定义：网格交易法是根据渔夫捕鱼时张开渔网、将渔网所及范围的鱼一网打尽的原理，在入场价格上下设定目标价格，只要股价触及这些价格，自动买卖一定数量的指数基金。

比如投资者在10元处设置渔网交易策略，初始持仓500股，市值5 000元，每跌0.1元买入100股，每涨0.1元卖出100股。股价最低跌到9.72元，最高涨到10.35元，最后在收盘时股价回到10元。股价在下跌时不断买入，在上涨时不断卖出，最终股票价格未变，最终持仓数量也未变，但是现金却增加50元，获利1%。这就是渔网交易的魅力——通过反复循环差价赚取收益！

选择渔网交易策略来操作指数基金，可以采用以下几种方法进行投资。

选择有低估值为底部的品种

判断近期是否为震荡市场

波动率过小的基金品种不适合渔网交易

选择 ETF 好于股票

选择策略底仓 + 渔网交易

（1）判断近期是否为震荡市场：由于渔网交易主要适合的市场环境就是震荡市场，单边上涨容易网格卖光，单边下跌容易网格击穿。

所以，使用渔网交易的一个前提判断是"目前是个箱体震荡的市场"，这样策略才会有效。

（2）选择 ETF 好于股票：因为个股容易出现黑天鹅的风险，大部分个股都是不适合做网格的。个股的随机性十分强，行业周期爆发、政策利好、公司业绩增长等都是难以预测的数据。

尤其近年来上市公司业绩造假现象频出，建议大家选择 ETF，因为 ETF 是指数基金，分散了个股黑天鹅的风险。

（3）选择有低估值为底部的品种：选择低估值有安全边际的产品，是为了防止投资标的的品种不断下跌，将网格跌穿而造成的无资金补仓的风险。

投资者可以通过 ETF 跟踪标的指数的绝对估值水平以及历史估值分位数等，来判断目前的估值上是不是处于历史上相对低位的水平。

（4）选择策略底仓 + 渔网交易：若市场判断正确，是震荡市场，剩下用来做渔网交易的钱能够降低成本，帮助投资者更加长期地持有。

假定持有底仓的规模与对当前市场判断有关，当前点位离市场大底越近，底仓持有规模应越大；反之，当前市场点位离市场大底越远，底仓持有规模应越小。

分批次买入

分批次买入也可以称为金字塔式投资法,是指数基金投资的一种操作方法。此法是针对股价价位的高低,以简单的三角形(即金字塔型)作为买卖的准则,来适当调整和决定指数基金买卖数量的一种方法。

一般来说,金字塔式投资法具有以下三种操作手法。

(1)金字塔买入法:是指当基金净值或股票股价逐渐上升时,买进的数量应逐渐减少,从而降低投资风险。买入数量和购买终止点位依据资金的多少、股票的优劣程度、股市的人气状况,由投资者自行决定。

金字塔买入法不会错过市场上升趋势带来的获利机会,此外由于减额加仓的前提是市场上涨,虽然不如一次性投入获利丰厚,但大大降低了市场下跌带来的风险。

如何灵活地调整、运用金字塔分批买入法?

金字塔上端表示较高的指数基金价格，金字塔下端表示较低的指数基金价格，数字1、2、3、4表示投资者买入指数基金的资金占比，1表示一成仓位，2表示二成仓位……为了简化，本方法仅设置了4个层级（更多层级原理类似）。也就是说，如果投资者手上有100万元用来炒基金，那么可以分4次满仓。

投资者需根据当前指数的点位水平调整加仓操作。一般情况下，投资者可在5%～20%范围内，调整触发下一批加仓的下跌幅度，具体可分为以下三种。

调整仓位

指数情况	操作策略
指数点位较高，通常是牛市高点的情况	每下跌15%～20%，买入下一批指数基金
指数点位居中，通常是震荡市场，但是估值偏高的情况	每下跌8%～15%，买入下一批指数基金
指数点位较低，通常是弱势市场，估值已经比较低的情况	每下跌5%～8%，买入下一批指数基金

（2）倒金字塔买入法：与金字塔买入法相对的倒金子塔买入法适用于震荡市行情。股市波动在所难免，但只要经济长期向好，市场的重心必然慢慢提高。如果手上还有资金，投资者可以随着股市的下跌加量买入指数基金。

举例来说，可以把手头的资金分成10份，在大盘3 500点时先买入1/10仓位的指数基金。随后大盘每下跌500点依次提高二、三、四成仓位。如果中途大盘回升，又可以用金字塔买入法加仓。

（3）倒金字塔型卖出法：与正金字塔相反，当指数基金净值不断升高时，卖出的数量应效仿倒三角形的形状而逐渐扩大，以赚取更多的差价收益。

例如，投资者看跌股市，则可以按一、二、三、四成仓位的顺序在价格上升阶段分批卖出指数基金。倒金字塔卖出法是在看跌的前提下随市场上升加量减仓，既能获得较好的差价，又能减少风险。

第 7 章

定投指数基金，获得长期超额收益

如果投资者能够坚持长期定投，就可以实现低风险高收益回报，因为在长期（10年左右）内，不光风险会逐渐被抹平，投资收益也会因为复利的累积作用变得巨大。

图解指数基金
极简投资策略

基金定投，零存整取的投资策略

基金定投有懒人理财之称，它是定期定额投资基金的简称，是指在固定的时间以固定的金额投资到指定的开放式基金中，类似于银行的零存整取方式。

基金定期定额投资具有类似长期储蓄的特点，能积少成多，平摊投资成本，降低整体风险。

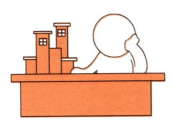

它有自动逢低加码、逢高减码的功能，无论市场价格如何变化，总能获得一个比较低的平均成本，因此定期定额投资可以抹平基金净值的高峰和低谷，消除市场的波动性。

只要选择的基金有整体增长，投资人就会获得一个相对平均的收益，不必再为入市的择时问题而苦恼。

一般来说，基金的投资方式有单笔投资和定期定额投资两种。由于基金定期定额的起点低、方式简单，所以它也被称为小额投资计划或懒人理财。

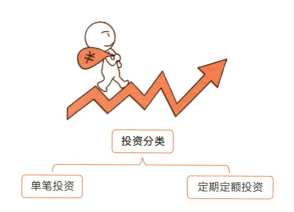

虽然单笔投资收益可能很高，但风险也很大。定期定额由于规避了投资者对进场时机主观判断的影响，定投方式与股票投资或基金单笔投资追高杀跌相比，风险明显降低。

定期定额投资基金具有一些符合大众投资理财特点的优势，在此我们总结归纳一下定投的投资优势。

强迫储蓄

很多年轻人在毕业参加工作之后很难攒钱，成为月月花光的"月光族"。总结起来，不是工资不够花，而是管不住自己，没有节俭、理财的观念。可能年轻的时候觉得无所谓，可是到了年老了、有孩子了，就该后悔自己没有攒钱，没有给自己、给儿女一个好的明天。

为了以后的舒适生活，我们应该从平时就培养理财的好习惯，定期定额投资基金就可以做到这一点。

把定投的时间设在每月发工资的后两天，把工资账户或者储蓄的账户设为自己定投的资金账户。

这样，就可以在发工资之后先买一部分基金，就可以强迫自己养成储蓄的好习惯。

定投的合约一般在三至五年以上，能够持续坚持五年每月储存一定的钱，这本身就是一件很难得的事。不仅锻炼了自己持之以恒的耐力，还能为自己存一笔可观的财产。

积少成多，实现理财目标

定期定额投资的另一大特色是，在不加重投资人经济负担的前况下，做小额、长期、有目的性的投资。各家基金公司所设定的最低申购金额皆不高，大多介于一百到一千元之间。对于一般投资人而言，不必筹措大笔资金，每月用生活必要支出外的闲置金钱来投资即可。既能强迫储蓄又不会造成额外的经济负担，更能积少成多，使小钱变大钱，以应付未来对大额资金的需求。

定期定额投资的金额虽小，但累积的资产却不可小觑。以长期投资（三年以上）而言，基金的年平均报酬率应达15%左右，几乎是定存利率（以目前利率2.61%计）的5倍以上。长期投资下来，其获利将远超过定存利息所得。

如果投资者能够坚持长期投资，就可以实现低风险高

投资期间越长，相应的风险就越低。定期定额只要投资超过10年，亏损的概率则接近零。

因此，越早加入定期定额投资的行列，越能累积更多的财富，让小钱轻轻松松变大钱。

收益。因为在长期（10年左右）内，不仅风险会逐渐被抹平，投资收益也会因为复利的累积作用变得巨大。所以，投资定期定额基金，可以实现轻松理财赚大钱的目标。

分散投资时点，降低风险

股票市场涨跌变化快速，一般投资者可能没有足够的时间每日观盘，更没有足够的专业知识来分析判断走势，因此常常因无法正确掌握市场走势而遭套牢。此时若能以定期定额投资的方式为之，分散投资时点，则可因平均投资成本的效用而避免套牢亏损。

更详细地说，市场为上涨走势时，单位价格（即基金净值）高，此时以固定金额买到的基金单位数则少；而当市场为下跌走势时，单位价格低，此时以固定金额买到的基金单位数则多。

如此一来，总投资额则是由大量低价的单位数及少量高价的单位数组成，结果每一单位的平均净值将会比单笔投资的每单位净值低，有效地减少了套牢的风险，不必担心买在高点。

更积极的说法是,当市场为上涨走势时,更应该以定期定额投资方式承接大量低成本的单位。

因为经济及股市的走势长期看是处于上扬轨迹,一旦股市走出低糜的空头格局而上涨时,持有大量低成本单位的投资者,相较起来将会有更佳的投资报酬。

若比较定期定额投资及单笔投资,则单笔投资可以说是多头市场具攻击性的投资方式,而定期定额则可以说是空头市场最佳的防御性投资方式。

总体来说,定期定额投资基金是以一段时间基金的加权平均价格购买的,由于固定金额每次购买的低价基金多、高价基金少,所以定投的价位较算数平均价低,平均单位投资成本低。

而一次性投资只有一次价位选择机会,其大小直接决定了收益高低,所以定投的风险比较稳定,比单笔投资的风险小很多。

定投适合的人群

定期定额投资基金要求投资者具备一定的条件，比如有固定收入、有中长期的储蓄计划、没有时间和精力理财。投资者可以对照以下定投要求，看看自己是否适合投资定期定额基金。

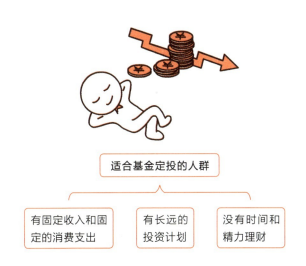

有长远的投资计划

定期定额基金一般要求至少 3～5 年的投资期间,投资者如果选择定期定额,最好有这样一个长远的投资计划。

如果自己的孩子要在五年后上大学,就可以用这种方式来存一笔钱,为孩子上学做准备。

这样的计划会让投资者在考虑储蓄的问题上更有动力,一想到孩子的未来就不会轻易放弃这个定投计划了

投资者拥有的储蓄计划最好也是这种意义重大、支出额度较大的计划,比如结婚、养老、买房等。五年的时间究竟可以积累多少财富呢?

第 7 章
定投指数基金，获得长期超额收益

以 2000～2015 年的数据模拟计算，以深圳成指指数的每月收盘价模拟，收益率为区间内任意定投的平均复合收益率。

假设每月定投 1 000 元，定投一年、三年、五年和十年的模拟收益分别按 9.15%、31.95%、56.82% 和 78.64% 计算，积累的金额分别如下图所示。

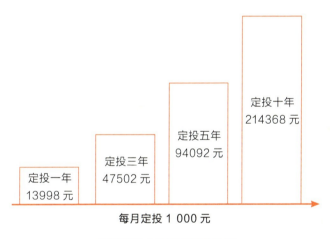

每月定投 1 000 元模拟计算

如果每个月定投 1 000 元买基金的话，五年后就是 94 092 元；如果每月定投 3 000 元的话，定投五年后的金额为 282 276 元。可见，定投储蓄的力量是很强大的。

没有时间和精力理财

作为一种懒人理财术,基金定投适合没有时间分析基金业绩、选择基金组合的投资者。另外,投资知识、投资技能欠缺的投资者也适合基金定投。

如果投资者比较了解基金分析或股票投资,而且有兴趣每天花时间研究,还是选择主动投资,即主动择时择品种进行投资。

换句话说,没有过多的时间和精力进行理财的投资者更适合进行基金定投。

这是因为基金的经营业绩始终是在变化的,如果选择了一只基金定投,就等于是选了这只基金至少五年的平均收益。

第 7 章
定投指数基金，获得长期超额收益

但如果投资者随时分析基金市场，就会发现原来选择的基金近期的收益不好，要再选择其他的基金，那么原来的定投计划就等于失败了。

收入稳定

由于投资定期定额基金要求每个月能够拿出一定的资金来申购基金份额，所以要求投资者最好每个月有比较固定的收入，否则可能会给投资者带来不必要的困扰。

固定收入并不是要求投资者每个月都能拿到固定的工资，而是要求投资者每个月都能有一定的收入来应对定投资金的需求。

对于收入不是很固定的投资者,如果有储蓄或者其他经济来源,可以在收入不能达到定投定额水平的情况下弥补资金不足,也可以投资定期定额基金。

如果投资者的收入不固定,但是在较长一段时间收入稳定,比如在一个季度或半年内是稳定的,则仍然可以投资定期定额基金。只要选择投资频率为每季度或每半年的定投就可以。可是一般基金的定投业务只有月度频率,只有一些基金公司规定可按月、按双月、按季度定期投资基金,所以选择面要窄一点。不过随着金融运营水平的提高,这方面的规定会更加灵活的。

支出稳定

除了有固定的收入以外,投资者还要考虑自己的消费问题,毕竟投资也要以自己的生活稳定为基础。

如果每月收入是固定的,但是花销确定不了,比如某个月有大额的支出——学费、大件的电器要买之类的,就会影响每个月的履约责任。

遇到这种情况,投资者可以考虑在一开始就为自己的定额投资设定较低的投资额,并在其他储蓄账户再存一笔钱,以应对这类大额支出。

在不得已的情况下,也可以考虑违约一两次。但有的指数基金定投合约有关于最高违约次数的规定,在违约一定次数后,定投合约将自动终止。

也许有读者会问:那我可不可以在遇到大额支出时赎回一部分基金来应急呢?一般情况来说是可以的,而且赎回以前定投的基金不会影响定投合约的继续履行。

适合长期定投的指数基金

基金定投不需要花费太多的精力就可以实现收益,但是,基金定投并非想象得那么简单,赚钱与否取决于所选的基金。因此,一般用来定投的基金起码得满足长期收益率有一定的正期望,或者周期性比较明显的基本条件。下面,我们给投资者推荐三类适合长期定投的指数基金。

1. 行业指数基金

所以,投资者可以寻找这些重要行业的指数基金。只要社会还需要这些行业,投资就不会错。具体来说,必需消费品、医药、家电等涉及衣食住行、生老病死的基础性行业都是可以考虑的。

如果你对某个行业特别了解,深谙其中的商业模式,了解如何判断一个企业在业内的影响力,那么可以考虑定投专注于这个行业的指数基金。

比如你是一名医生，对业内各个药企的情况非常了解，市场上有什么新药发布，你实际研究一下新药构成就知道成分和疗效，这种情况下可以考虑定投跟踪医药100指数的基金。

对于没有特别了解某个行业的普通投资者而言，不用担心缺乏信息优势会错过机会。从基本逻辑上讲，股票表现最终还是反映着其背后公司的价值。

因此，对整个社会而言非常重要的行业，如金融、医药、消费品行业，即使资本市场短期表现不佳，长期来看市场一定会进行修正。

2. 红利指数基金

以本杰明·格雷厄姆、杰里米·西格尔等为代表的价值投资派大师提出这样一个思路，通过股票的股息率去指导股票投资。因为股票是会分红的，每年分红（股息）的多少即为收益率，以此与其他投资品种相比较来判断是否值得投资。这样就衍生出一个思路，如果收集所有高分红的股票建立一个投资组合，是不是就能在指数上升的同时也享受红利带来的收益呢？

答案是肯定的，市场上确实存在红利指数基金这个将吃利息的思想发扬光大的品类。

考虑到其本质上还是一篮子股票组合，自然也会存在价格波动的问题。投资者可以考虑用定投的方式逐步扩大持有量，从而在享受红利的同时减缓短期涨跌的冲击。

3. 宽基指数基金

这一类基金的代表就是大家所熟知的对应沪深300、中证500（国内）、纳指500（国外）等的指数基金。特点是所涵盖的股票数量多、范围广，许多指数基本就是整个股市大盘的代表与化身。

这类基金的收益率走势基本就是跟随大盘，完全符合投资者"抱大腿"的定投初衷，因此也算是最基本的定投种类

而且由于成份股巨多，基本不会出现因为单只股票的骚动而出现大幅震荡的情况，日内波动也相对平缓，给投资者的交易操作留出了足够的时间。

考察定投的指数基金

如果投资者想要长期定投基金，建议选择指数基金。如果投资者是定投三年或五年，甚至更短时间，建议选择主动型基金。

"长期定投"的"长期"，并非指一轮定投周期，而是指长达多年的投资计划。

比如你计划未来积攒一笔养老金，打算定投10年或更久，这就叫长期定投。这期间市场涨涨跌跌、经历几次牛熊，你可能定投止盈很多次。

投资者要在众多的指数基金中挑选适合定投的指数基金，一般可从以下五个方面进行考察。

1. 比较收益与大盘走势

如果一只指数基金大多数时间的业绩表现都比同期大盘指数好，那么可以说这只基金的管理是比较有效的。选择这种基金进行定期定额投资，风险和收益都会达到一个比较理想的预期。

2. 考察基金累计净值增长率

基金累计净值是指基金最新净值与成立以来的分红业绩之和，可以用来衡量基金的总体收益状况。

例如，一只基金于2003年成立时面值1元，其后一年里分红两次，每次分红水平为0.05元/份。

一年后的单位基金资产净值为2.1元/份,那么该基金的单位基金累计净值就等于2.1+0.05×2=2.2(元/份)。

基金累计净值增长率=(份额累计净值 – 单位面值)/单位面值×100%。例如,某基金份额累计净值为1.18元,单位面值1.00元,则该基金的累计净值增长率为18%。

3. 基金分红比率

基金收益分配方式分为现金分红与红利再投资两种,投资者可以选择现金红利或将现金红利自动转为基金份额进行再投资;若投资者不选择,大部分基金默认的收益分配方式是现金分红。

基金投资当期出现亏损,则不进行投资分配;基金当年收益应先弥补上一年度亏损后,方可进行当年收益分配。

基金分红的前提之一是必须有一定的盈利,能实现分红甚至持续分红,可在一定程度上反映该基金较为理想的运作状况。

通常用基金分红比率这个指标来反映基金分红的情况。

基金分红比率=基金分红累计金额/基金面值。以融通基金管理有限公司的融通深证100指数基金为例,自2003年9月成立以来,累计分红7次,分红比率为16%。

4. 比较同类基金的收益

由于基金的投资风格和投资类型不同,常常造成基金在收益上不具有可比性,不利于我们挑出优质的基金。

为了更好地找到优质的基金,我们可以通过分组的方法,将条件类似的基金放在一起比较,找出同一种基金中经营好的基金,这可以称为组内比较。

我们还可以对不同组的基金进行比较，分析目前哪种类型的基金表现更好，这可以称为组间比较。

例如，对于市面上的所有股票基金，分为主动型和被动型两种进行比较，如果主动型指数基金的业绩明显好于被动型指数基金的业绩，那么说明目前市场活跃，主动型的投资策略更有优势，买主动型基金更有利。然后，对于主动型基金进行组内比较，从而挑选出优质可靠的基金投资。

在所有的指数基金中，可以把跟踪沪深300的指数基金放在一起比较，并根据最近一个月的涨幅进行对比。

先挑出涨幅最高的前10～30的指数基金，再对这些涨幅比较高的指数基金进行进一步的分析和比较。

但是，分组比较也不是万能的，在分组的公平性、风险假设等问题面前，分组比较显示出明显弱势。比如，我们不能拿股票基金、债券基金和货币基金来进行组间比较，因为这三种基金的风险水平明显不同，单考虑收益是没有用的。我们不能把单市场指数基金和跨市场指数基金进行比较，由于跟踪的指数不同，投资风格不同，比较的结果参考价值不大。

5. 借助专业公司评判

为了方便投资者查询基金业绩，一些研究中心和咨询机构推出了各式各样的基金业绩排行榜，其中较为普及的是银河证券基金研究中心、晨星等机构发布的排行榜。这些机构会列出过去1周、1个月、3个月、6个月、1年、2年的收益状况和排名。通过这些排行榜，投资者可以清晰地了解各只基金的表现。

通常，看排行榜要注意以下两点。

一是要综合考察收益率。不要只关注近期的收益水平，这很难说明什么。要综合考察不同时间的收益，才能全面地掌握该基金的表现。

二是要关注星级评价。星级评价是研究机构综合考察了实际回报和基金承担的风险水平之后得到的结论，5星评价被好评在前10%的基金获得，而且它综合考虑了过去该基金的全面表现。

需要注意的是，排行榜不是万能的，不要过分相信排行榜的分析，它只可以作为一种参考依据。

止盈策略

止盈就是指指数基金的涨幅达到某个价位时就赎回，运用止盈可以把利润控制到一定的高度，实现自身利益最大化。

不管是定投主动基金还是指数基金，都需要设定止盈。否则，赚到的钱也只不过是纸上富贵，昙花一现。

拿沪深300指数来说，如果从2008年5月底开始定投，截至2018年5月24日，期间不止盈的话，年化收益率只有3%。如果按照年化10%止盈，则有三次止盈出场的机会，在资金利用率提高的同时赚的钱也更多了。

如果不知道如何设置止盈点,可以按照目前的银行一年期存款利率或者一年期国债利率的 5 倍来设置,在 8.75% ～ 19.25% 之间,两年就是 17.5% ～ 38.5%。

也可以根据行情来设定止盈点,行情好的时候就定为 19.25%,行情不好的时候就定为 8.75%。

尤其是对于投资金额比较大的投资人群来说,更要稳中求胜,以保住本金为第一原则,切勿太贪婪。

只要达到自己心目中的止盈点后,不要犹豫,果断赎回,落袋为安,才能真正赚到钱。

止盈并不意味着彻底离场,而是为了寻找更好的时机再次入场。止盈后可以采用原有方式继续定投策略,也可以采用对原来指数加倍定投策略或者增投另一只指数基金策略。

第 7 章
定投指数基金，获得长期超额收益

1. 继续定投

将赎回金额作为本金，以原有方式继续定投。举个例子，从 2011 年 1 月 1 日开始每周定投 1 000 元，投资中证 500 指数，2015 年 6 月高点止盈，投入本金共 231 000 元，赎回金额却达到 502 938 元。

如果在止盈后的低点开始继续定投，那么截至 2017 年 11 月 20 日，所投入本金仅为上一轮定投赎回金额的 20%。

继续原有定投方式的好处在于，即使以上一轮赎回金额作为本金，手中也依然掌握着足够的稳定可支配现金，所以当面对下一轮定投时，心态也会更加淡定。

但缺点也显而易见，由于单次定投金额小，所以投放战线会拉得很长——将上轮定投赎回金额继续按照每周投放1 000元的方式定投，需要近10年的时间才能全部投放完毕；按照我国三至五年一个周期的牛市规律，以这样的定投方式，即使在中间高点止盈也难以获得较大的收益。

所以对于想要积累财富的投资者来说，缩短周期、加大每次的投入是很有必要的。

2. 加倍定投策略

在原始定投金额不变的基础上，将赎回金额均摊加投。继续上面的例子，2015年6月高点止盈后，将50万元的赎回金额平均分摊，每周增投资金1 000元，这样每周定投金额为1 000+1 000=2 000（元），可以增投近五年。

第 7 章
定投指数基金，获得长期超额收益

五年后有更大概率会出现下一波牛市，所以选择那时止盈相对来说是一个比较科学的时机。

即使五年后没有达到预期的牛市，投资者在五年间收入积累也可以继续用来定投，直至牛市的到来，收益也会比每周定投 1 000 元的结果更加可观。

投资者再将止盈的赎回金额滚入下一轮定投，这样周而复始、积少成多，滚雪球优势会越来越明显。

3. 增投另一只指数基金

增加另一只指数基金,以组合的方式继续定投。定投组合可以化解风险,同时得到稳定的收益。同样,止盈后增加另一只指数基金继续定投可以实现类似的效果。

从 2015 年 7 月 1 日开始定投中证 500 指数和沪深 300 指数的组合,每只指数每周定投金额 1 000 元。

截至 2017 年 11 月 16 日止盈,本金一共 244 000 元,而赎回金额却达到 268 673 元,累计收益率达 10%。

来看一下同样情况下只投中证 500 指数的结果:累计收益率仅为 1.9%,比定投组合的收益少了 2 万多元。

增投一只指数基金的收益率比较

指数	本金（元）	止盈赎回金额（元）	累计收益率
中证 500	244 000	248 564	1.9%
中证 500 和沪深 300	244 000	268 673	10.1%

数据来源：WIND；数据区间：2015 年 7 月 1 日至 2017 年 11 月 16 日。

在上述三种策略中，大多数投资者更倾向于第三种，因为一般中小盘指数容易在牛市取得较好收益。而在未来的弱势震荡市中，蓝筹大盘指数容易表现得更加突出。另外，从分散投资角度看，增加一只指数基金的策略也是个不错的选择。

定投策略

根据市场操作经验,基金定投策略大致包括定期不定额策略、低估值指数策略、趋势定投策略和均线定投策略等。接下来我们将逐项详解,希望投资者都能找到适合自己的投资策略。

1. 定期不定额策略

投资者设定一个市值增长目标,每期按照目标的市值投入不同金额,是一种定期不定额的策略。

举例来说,若设定目标市值每月增加 10 000 元,首月定投 10 000 元,次月市值跌到了 5 000 元,那么次月定投金额则为目标市值 2×10 000−5 000=15 000(元)。若上涨到了 15 000 元,则次月仅投入 5 000 元。

一般来说,价值平均策略会在市值高于目标市值的情况下选择卖出部分市值,作为一种止盈手段。

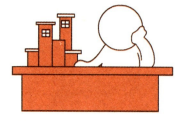

第 7 章
定投指数基金，获得长期超额收益

但从回测数据来看，这种做法效果并不好，反而会减少收益，因此不建议进行卖出。

当定投时间足够长，市值累积到了一定量的时候，由于市值的减少导致需要增加的定投金额很可能是个天量数字，这时需要设定一个定投的最大限额。投资者可以根据自己的负担能力进行设置，一般设置为定投金额的 5 倍更为合适。

2. 低估值指数策略

这是目前 A 股基金定投使用的最为广泛的策略，而且有不少第三方销售机构基于这种策略开发了各类基金产品。

这种策略的原理很简单，就是对各种主流指数（包括宽基指数和行业指数）综合运用 PE、PB、ROE、估值历史分位等指标进行评判，找出相对低估的指数进行定投。

在这些指标达到历史高位时,一次性卖出,从而实现定投盈利的目标。

这种策略在理论上肯定是有效的,在低估时买入,高估时卖出,中间的过程不问。表面上看是定投不择时,但从本质上来看是一种基于数据的严格择时,对买入和卖出点都有严格的要求。买入虽然不择时间点,却是在特定的时间点来严格地选择指数。

3. 趋势定投策略

趋势定投策略的操作手法在于：先要选择两只基金，通常一只基金为股基，另一只基金为债基。再选取一个指数作为参照指数，设定三条基准均线，如 30 日、90 日、180 日等。

然后通过三条均线的比较来判断市场强弱。如果判断市场走强，即买入高风险基金（股基）；如果判断市场走弱，即买入低风险基金（债基）。

同时，该笔趋势定投计划里已经购买的高风险基金份额全部转入低风险基金以规避风险，直到下次判断市场走强后再买入高风险基金。

4. 均线定投策略

均线定投策略也被市场人士称为均线偏离策略,其主要操作原理是认为指数在中长期有回归均线的属性,以均线为基准线。

当现指数大幅低于均线时,投资者可以加大定投额;当现指数大幅高于均线时,可以相应减少当期的定投额。

从具体操作来看,首先选取与基金风格相契合的参考指数。其中沪深 300 代表大盘价值,中证 500 代表中盘价值,中小板指数代表中盘成长,创业板指数代表小盘成长。

然后再设定一条基准均线，如30日、60日、90日等。

一般的投资规则——将目前指数与所选择的指数均线进行比较，确定本期要投入的资金。在股价高于均线时减少扣款金额，在股价低于均线时增加投资额。

虽然基金定投俗称懒人投资，但投资者还是需要勤快点，关注一下市场动态，在市场相对高位时要去赎回基金，在市场相对低位时要重新开始定投。

第 8 章

指数基金投资组合

　　投资时不能只投资一种产品，要分散投资、构建投资组合。所谓投资组合，就是投资不同风格、不同主题、不同地域甚至是不同种类的指数。各类不同指数的相关性越低，就是说它们代表的市场范围越大。

图解指数基金
极简投资策略

投资组合有效分散风险

很多投资者参考晨星、银河的收益排名表,把排名靠前的基金一网打尽,这种做法看似合理,其实在无形中增加了风险。

在投资中有一个重要原则——鸡蛋不放在一个篮子里。购买基金也是如此,投资者应该根据自己的投资目标、风险承受能力构筑自己的基金投资组合,尽可能规避市场风险。

基金本身就是一个组合投资,它投资的是各种不同金融产品的组合,这个组合是由基金管理人决定和管理的。

而对于投资者来说，购买了该基金就等于投资了该组合。那么还有必要投资多只基金，构造基金的投资组合吗？答案是有必要。

提高整体收益率

我们知道，除了货币基金等一些靠固定收益为主要收入的基金，大部分基金净值都会波动，尤其是股票型基金。即使在牛市背景下，它也会表现出有时候仅仅高出大盘几个点的收益率也可能赚得很少，甚至赔钱。

这主要是由于该基金管理人的积极配置造成的，长期内可能收益不错，可是短期内的剧烈波动会让一些投资者

虽然指数基金是被动型投资，基金经理的积极配置行为略有弱化，但是由于跟踪不同的指数，指数基金的业绩表现不尽相同。

第 8 章
指数基金投资组合

有的指数基金跟踪指数出现误差,极有可能出现指数涨而指数基金不涨的现象。

如果是基金的组合投资,就可以在一定程度上避免基金的大幅波动。因为在股市向上走的情况下,大部分股票型基金都赚钱。所以,同时购买多只股票型基金就会避免出现同时都表现差的结果,有的时候这只不行而其余几只表现好,则总体组合的收益也不会差到哪儿去。

所以,基金组合的收益要比单只基金的收益稳定得多。

很难忍耐,有种随时卖了它套现的冲动,这样就会造成频繁的基金交易操作,光是交易费用就花去不少,也直接影响了投资者的最终收益水平。

当整体收益高时,投资者也会有一个好的心态,踏踏实实地拿好自己的基金,不会再做过多的交易。这既节省了费用也避免了资金在市场上的频繁流动，提高了整个证券市场的投资效率。

降低风险

投资基金的优势在于可以借助专业的投资人，投资庞大的资产组合，使得投资的风险被充分分散。风险分散的好处在于可以避免巨额损失，或者减少发生巨额损失的可能性。

基金虽然能够很好地分散风险，然而它也有风险，除了充分分散后剩下的市场风险外还增加了管理人的经营风险和一些类型基金特有的风险。

这些风险是购买单只基金必须面对的，为了更好、更充分地分散风险，我们还需要构建基金的投资组合，将风险进一步减少，进一步锁定投资收益。

举个简单的例子，如果投资者只购买了一只基金，该基金却连续亏损，即使随后又较快地赎回了，但是加上各种费用后的损失还是存在的。但如果投资者进行基金组合投资，则原来想用全部资金购买一只基金变为了购买多只基金，每只基金的购买量也就减少了，上述情况造成的损失也就减少了。

市场上的基金日后是否赚钱很难判断，虽说大部分都会赚钱，但如果刚巧买到了不赚钱的基金，岂不是损失太大了。组合投资使得投资者可以获得平均的收益水平，避免了这种情况的发生。

投资组合的基本理念

投资组合是投资的基本原则,"千万不要把鸡蛋放在同一个篮子里"这句投资名言想必大家听得耳朵都要磨出老茧了,这就是提醒投资者在投资时不能只投资一种产品,要分散投资,构建投资组合。那么,怎样才能构建适合自己的指数基金投资组合呢?

组合投资的基本原则是要降低投资组合内投资标的的相关性。

简单来说,就是投资不同风格、不同主题、不同地域甚至是不同种类的指数。各类不同指数的相关性越低,说明它们代表的市场范围越不同。

比如股票市场和债券市场，这两个市场相对独立，如果投资在这两个市场上，股票市场上亏了还有债券市场保底，不至于赔个精光。

各大指数的相关性，越接近1的，相关性越强；小于0的，就是负相关。数字越小相关性越低，这是投资者做投资组合时非常重要的参考依据。从相关性可以看出，海外市场与国内股市的相关性较低，而债市与股市的相关性还要更低，如下表所示。

第 8 章 指数基金投资组合

各主要指数的相关性

数据区间：2008/07/31–2018/07/31

	上证综指	沪深 300	上证 50	中证 500	创业板指	恒生指数	恒生国企	纳斯达克	标普 500	道琼斯工业	中证综合债
上证综指	1										
沪深 300	0.974	1									
上证 50	0.937	0.975	1								
中证 500	0.889	0.869	0.772	1							
创业板指	0.815	0.746	0.701	0.931	1						
恒生指数	0.543	0.663	0.648	0.632	0.419	1					
恒生国企	0.497	0.548	0.525	0.326	-0.021	0.629	1				
纳斯达克	0.491	0.584	0.569	0.707	0.675	0.807	0.094	1			
标普 500	0.465	0.547	0.529	0.702	0.696	0.800	0.082	0.994	1		
道琼斯工业	0.441	0.542	0.532	0.666	0.621	0.823	0.108	0.993	0.994	1	
中证综合债	0.142	0.042	0.039	0.092	0.297	-0.484	-0.416	-0.205	-0.216	-0.256	1

数据来源：WIND。

一些投资者投资的指数基金基本上都是股票型基金,要避免股市的系统性风险,就要转向与股市相对独立的市场。

比如债市,从相关性上看,股债两市还是相对独立的。事实上一般股市的大牛市会对应着债市的熊市,因为经济向好时大多数资金都投在股市了,自然就没有钱去债市投资了。

所以,选择投资债券基金,股债搭配,能够很好地规避股市的系统性风险。

除了债券基金,还有一直以稳健收益著称的货币基金,货币基金主要投向短期的国债、央票、银行定期存单、政府短期债券、高等级企业债券和同业存款等,可以看到其投资标的基本都是债市为主,所以也是分散股市风险的不错选择。

对于定投而言,净值波动性大的基金更适合定投。由于定投本身是一种风险较低的投资方式,所以建议投资者在配置债基时,货币基金的比例低一些。

大中小盘的组合投资

在股市中常常存在着轮动现象,比如行业轮动、板块轮动和大小盘轮动等。

大小盘轮动是指大盘股与小盘股收益之间存在较难同步的现象,并且这种收益变动不同步、存在着交替现象,不同步既可能是时间上的不同步也可能是收益大小上的不同步。

换句话说,就是一段时间大盘股涨势较好,接下来可能就是小盘股表现更好。

在A股过去20多年的历史里,A股的小盘股溢价现象非常显著,市值最小的20%股票相对市值最大的20%的股票平均每月有1.1%溢价。

为了避免踏错市场风格,至少要选择一只大盘股指数和一只中小盘指数来做组合。

大中小盘组合之所以能够规避踏错市场风格的风险,主要是因为我国的市场风格轮换得非常快,大盘(价值风格)和小盘(成长风格)"轮流上涨",有时候甚至一年一换,实在不好把握。

如果"孤注一掷"地投某一种风格,一旦猜错了节奏就会影响到整体收益率。两种风格都投一些,可以降低投资风险。

例如,2014年1月起开始定投,只定投上证50、只定投创业板指以及以1:1组合定投两只指数基金,可以看到每个时间段无论是上证50表现好还是创业板指表现好,组合定投的收益率都不是最差的。

有些投资者可能会想,组合投资整体是赔的少了,可是赚的也少了。其实,这个问题可以通过调整不同风格所占的比例来解决。

尤其是2015年创业板开始强势,很多投资者都选择押宝创业板,到2016年第四季度起中小创开始下跌,大盘蓝筹开始上涨。

截至 2018 年 7 月底,测算结果显示,如果只投资创业板则收益告负,而组合投资的收益虽然只有 0.13%,但起码没有亏损。可见组合投资能够降低收益率的波动,降低亏损。

一个最简单的办法就是二八轮动策略,哪个指数涨势好就把 80% 的资金放在哪个指数上。

大盘股代表指数和中小盘代表指数

大盘股代表指数	上证 50、沪深 300、中证 100
中小盘代表指数	中证 100、创业板指、中小板指

当然,投资者对收益的要求、风险偏好各不相同,一定要根据自己的实际情况来分配比例。例如,二八轮动策略就更适合风险偏好比较高、追求高收益的人,而 1:1 平均分配的投资策略就比较适合追求稳定收益、希望回避风险的人。

宽基指数与主题指数组合投资

对于投资经验较少的新投资者来说,组合宽基指数获得稳定的收益是比较适合的投资策略。但是,积累了一定投资经验的投资者可能就不满足于这样的收益了,想要采用更复杂的投资策略,以获得更多的收益。

这时候,就可以考虑搭配一些表现优秀的行业或主题来提升组合的总体收益水平。

市场的结构性行情往往多于趋势性行情,如果能看好未来有机会爆发的行业,提前布局,专注于这一行业的基金一旦迎来风口期,投资者就有机会获得超额收益。

当然,对这类行情的把握也很依赖个人经验,一定要在比较有把握的情况下进行投资。

可以多关注传统产业升级和新兴产业成长主题的基金,尽量去选择具有中长期投资逻辑的主题板块。

比如中证红利指数,其成份股是沪深两市股息率较高、分红较稳定的前 100 只股票,优质、高股息率的股票往往更具有长期投资的价值。

宽基指数和行业或主题指数的组合同样可以 1:1 平均分配,也可以有所侧重。出于稳定性考虑,我们建议重宽基、轻行业或主题。

另外,不建议选择太多行业或主题,以一两种为宜,因为布局太分散,在每一种行业或主题上能获取的收益也会被摊低,有点儿违背配置行业、主题基金增加收益的初衷。

在选择行业或主题指数时,投资者应该尽量选择估值低、盈利能力好、符合市场风格的。

中证消费指数的 PE 百分位目前处于正常偏低水平，ROE 比较高。同样地，中证医药处于低估水平且 ROE 较高。可见，消费、医药仍是比较理想的行业选择。

中证银行指数的估值处于正常偏高水平，但 ROE 较高，依然可以考虑；中证红利估值较低，ROE 也不错。中证环保、中证信息以及国企改革指数的 PE 历史百分位都处于绝对低估状态，不过这三只指数成立时间相对较晚，指数进入底部区域的结论依据尚不充足，估值水平仅作参考，ROE 水平还是不错的。

中证环保、中证信息以及国企改革指数的 PE 历史百分位

证券代码	证券简称	PE(TTM)	PE 百分位	PB	PB 百分位	股息率	ROE
000932.SH	中证消费	26.00	35.80%	5.00	60.30%	1.92%	17.74%
000933.SH	中证医药	28.80	15.10%	3.89	13.00%	0.94%	13.92%
399986.SZ	中证银行	6.52	62.90%	0.90	21.90%	3.96%	13.32%
000922.SH	中证红利	8.09	17.00%	1.11	17.50%	3.95%	13.27%
000827.SH	中证环保	19.73	0.00%	2.11	3.70%	1.74%	11.41%
399974.SZ	国企改革	9.49	0.60%	1.24	0.50%	3.66%	11.11%
000935.SH	中证信息	31.12	4.90%	3.37	17.60%	0.85%	9.37%

数据来源：WIND；数据日期：2018/08/06。

其他指数组合

前面已经把各类指数的相关性以表格的形式列了出来，从各大指数相关性表格就可以看出来，我国港股指数、美股指数与 A 股市场的相关性还是很低的。所以，配置了 A 股指数以后，投资者还可以通过买 QDII 基金来搭配一些 A 股以外的指数。

近来，美股指数一直处于高估状态，而我国港股指数的估值则比较正常。所以就目前情况看，为了稳定收益，投资者可搭配我国港股指数。

除了投向海外股市的指数 QDII 外，能够投资海外市场的还有许多行业、主题类资产，比如黄金、原油、海外房地产和大宗商品等，投资这些品种与股市相对独立，能够规避海外股市的风险,不过对这类资产的趋势性判断还是比较复杂和困难的。

由于海外市场的研究难度更大,所以对普通投资者来说,配置比例不宜太高,一个比较合理的参考区间是QDII配置占权益资产的20%～30%。

估算预期收益

组建了投资组合后,还需要监控指数基金的收益表现,同时根据当前的收益评估未来组合的收益。

对于未来组合的收益,可以利用博格公式进行评估。博格公式由指数基金创始人约翰·博格提出,广泛应用于对指数基金收益的评估和预测。

约翰·博格在研究股市的时候发现,从1826年开始,如果观察美国每25年股市的回报率,基本年回报率都是正值,并且差距并不大,在4.7%～8.7%之间,平均下来在7%左右。同期的美国企业的股息率和盈利增长率之和,经过通货膨胀调整后,实际达到了6.7%。也就是说,美股的长期收益率主要来自股票的股息率和盈利增长率。

约翰·博格把影响股市长期回报率的因素总结为以下三个。

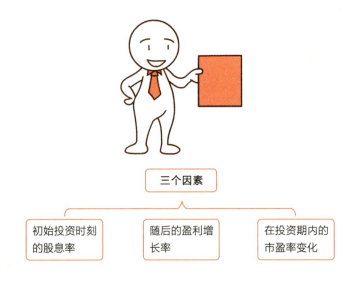

三个因素：初始投资时刻的股息率、随后的盈利增长率、在投资期内的市盈率变化

这三个因素基本上可以解释所有的股市回报率。从1926年以来，美股每10年的回报率与同期的初始股息率、盈利增长率、市盈率变化三者之和非常接近。

显然，初始股息率越高，未来盈利增长率越高，市盈率由低变高，指数基金的年收益率自然也就越好。

为了帮助投资者理解如何估算指数基金的未来收益，我们接下来列举关于估算A股和H股指数预期收益的两个案例。

1. 估算A股指数的预期收益

以沪深300为例，从2006-2015年，如果考虑每年的分红收益，沪深300从1 318点上涨3倍，年收益率大约投资的时间周期越短,股息率和盈利增长率起到的作用就越小,市盈率的变化起到的作用就越大。

投资周期非常长的时候,股息率和盈利增长率就起到更大的作用,对市盈率的变化反而没什么影响。

是11.7%;2006年9月初的初始股息率大约是1.86%;截至2015年9月,沪深300指数盈利增长率大约是14.4%;同期沪深300市盈率从19.71倍下降到13.17倍,大约年变化-4%。

把初始股息率、盈利增长率和市盈率变化率三者相加:
1.86%+14.4%-4%=12.26%

与实际的收益率11.7%差距不大,比较符合约翰·博格判断收益率的（初始股息率、盈利增长率、市盈率变化）三个因素。

从沪深 300 指数的变化情况来看，沪深 300 初始的股息率并不高，市盈率还从 19.71 倍下跌到 12.68 倍，但得益于盈利增长率比较高，沪深 300 最后取得的收益还是不错的。

2. 估算 H 股指数的预期收益

假如需要 5 年，H 股指数市盈率才能回到 10 倍以上，那么市盈率大约年上涨 6%；如果再极端一点，需要 10 年市盈率才能回到 10 倍以上，那么市盈率年上涨约 3%。

这三个都是比较保守的估算条件，相加后 H 股指数的长期年收益率为 3.3%+8%+6%=17.3%。即使按最保守的条件估算，即 10 年后 H 股指数市盈率才会到 10 倍以上，年收益率也有 14.3% 左右。因此，投资 H 股指数的年收益率基本不会低于 14.3%，大概率高于 17.3%。

（1）初始股息率：H 股指数的初始股息率是 3.73%，不过考虑国内 H 股指数基金投资港股的分红税，初始股息率要打一个折扣，算下来为 3.2% 左右。

(2)预测盈利增速:从2006到2015年,H股指数的盈利增长了2.55倍,年均增长约10%。考虑到过去几年是经济周期底部,如果未来我国经济重新进入景气周期,盈利增速应该会大于10%。

不过为了保守起见,这里也给盈利增速打个折扣,取8%。也就是未来H股指数的预期盈利增长率是8%左右。

(3)预测市盈率回到正常值:H股指数的市盈率在7.9倍,在历史估值中处于最低的区间,所以未来H股指数市盈率大概率是上涨的。

10倍市盈率仅仅是H股指数的正常估值,如果出现更高的市盈率,收益还会更高。不过为了保守起见,也只计算到回到正常估值带来的收益。

随时调整投资组合

调整投资组合虽然是最后一个步骤,但也是构建投资组合的重要一环。

根据前面的步骤,我们已经建立了一个投资组合,该投资组合由核心投资组合和非核心投资组合构成,核心投资组合是关键,非核心投资组合由投资者自由操作。

基金的组合投资似乎到此结束了,剩下的就是投资者操作非核心组合,静等收益了。

但事实并非如此,接下来的事情更为重要,就是要关注自己的投资组合,并检查基金组合的表现,适时调整组合。

1. 定期评估组合收益

投资者可以根据自己的个人情况来确定评估频率,有些人可能没有太多精力管理组合,可以至少每半年察看一下,评估的频率也不要太高。也许有些投资者对基金投资很感兴趣,愿意投入很多精力和时间,那么也只要每两个星期或每个月评价一次就好了,因为短期的基金表现很可能不能说明问题。

评估组合的主要工作包括：计算投资者的收益情况，各类基金的收益情况，总的风险水平和各类基金的风险水平。

有条件的，还要关注一下各只基金的风险收益和发展情况。

2. 分析收益率差的原因

如果在评价基金表现时发现投资组合并没有达到投资的预期结果，此时要进一步分析问题到底出现在哪里，哪类基金的表现不好，或是哪只基金的表现较差。

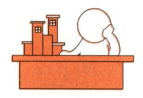

分析组合收益率差的原因，如果只是短期波动，则可以暂时接受这样的结果，静待下一期的表现；如果持续表现较差，则要考虑调整了。

如果是周期中的低谷，可以保持组合不变，或是增加此类基金的投资比重，以平衡投资成本；如果是基金经营上的问题或是不明原因的表现差，还是及时调整比较好。

3. 调整组合

调整投资组合分为资产配置的调整和组合基金的调整，如果是资产配置上出现了问题，导致收益不高，应该及时调整基金的资产配置。

比如，原来看好的股票型基金遭遇了熊市，而且在相当一段时间内不会有起色，还是减少这类基金的投资比例为好。

组合基金的调整是针对组合中具体某只或某些只基金的调整，比如某只基金的投资策略使得它目前的损失很严重，短期内很难调整，此时该基金已经失去了入选投资组合的资格，需要更换该基金。

又如指数基金中某一行业指数基金由于最近行业的不景气股价连续下跌，那么是时候把它请出投资组合了。投资者还可以根据自身的判断，调整各类基金或各只基金的投资比例，以争取更大的收益。

基金的资产配置

在完成对自己投资计划的分析之后,下面要做的就是针对自己的投资特点,设计自己的投资组合。首先要做的就是在大的资产类别中分配资金,进行资产配置。

资产配置是指投资者根据投资需求在各类不同资产类别之间分配资金。通常是在不同风险收益的证券之间配置资金,但是这个资金或是配置资金不是一个很确定的数字,比如管理人决定配置60%的股票资产,并不是一定保持60%的资金投资股票,这只是大概的比例。

我们在投资基金时,首先要看基金管理人对资产的配置,然后再决定自己如何进行资产配置。

资产配置在基金的投资过程中是非常重要的环节,是决定基金业绩的主要因素。据有关研究显示,资产配置对投资组合业绩的贡献率可以达到90%以上。主要是因为投资组合的变动很困难,尤其是对于资金量比较庞大的基金来说,资产配置一旦决定之后,就很难改变了,变动资产配置意味着大规模的交易,也就意味着巨额的交易费用。另外,有些资产的升值很难提前得到消息,只有提前持有的基金会从中受益,所以初期的资产配置比后期的短线操作获利更重要。

基金管理人配置资产是在股票、债券等金融工具上分配资金,而我们要投资的只是基金,所以我们要做的是在各类基金中配置自己的资金。

投资期限与流动性

在资产配置的时候,我们要考虑的是理财目标和自身条件,可以总结为投资期限和资产流动性两个方面。

一些投资者可能因为资金短缺而出现中途停止投资的情况,一般是因为某些意外的支出,此时投资者要求所投资基金具有流动性,即一定的变现能力。

流动性是指资产以公平价格售出的难易程度,所以不是所有可以随时买卖的基金都具有好的流动性。

比如,保本基金存在一个保本期,在保本期内赎回基金不承诺保本,这就是流动性差的表现。

封闭式基金大部分处于折价交易的状态,不到存续期就只能以低于净值的价格出售,这也是一种流动性差的表现。

第 8 章
指数基金投资组合

投资期限的长短也会直接影响如何配置资产,因为一些基金是适合长期投资的,而另一些基金是适合短期投资的。如果自己的投资期限很短而选择了一些在长期才能彰显优势的基金,又或是自己的投资期限很长却选择了一些在短期内投资效果明显的基金,都会对基金组合的总体效果产生不良影响。

除了上述几个重要的因素外,还有一些要点值得注意,比如未来的宏观条件。由于我国处在建立市场经济的过程中,一些市场还处于不成熟的阶段,新的政策和法规不断出现,旧的法律和条例也很可能在未来就不适用了,如果等到环境变了再根据情况调整投资组合,就太晚了。

税收政策也是一个重要的考虑要素，目前我国对金融投资尤其是基金投资都采取了鼓励发展的政策，对基金业内的很多收入都免税。但是这种情况不会长期存在，因为当基金业足够成熟后，它必须和其他成熟产业同等待遇。

资金分配

说了这么多，到底如何配置资产，资金该如何分配呢？下面，我们来一步一步地说明。

1. 确定核心投资组合比例

首先，根据上面要求的条件，确定核心投资组合比例。核心投资组合是主要投资的组合，要在长时间内不变。如果投资者喜欢利用基金交易套利，赚取差价利润，可以考虑较少分配资金到核心投资组合，较多将资金用于短线操作。

相反，如果投资者没有太多时间和精力来管理，那么可以将全部资金用于核心投资组合的建立。

2. 构建核心投资组合

然后,我们要做的就是构建核心投资组合。完成这个步骤要求需求与供给的配合。需求我们已经分析了,就是上面投资者需要考虑的因素,这些因素决定了投资者对投资组合的要求。

对于供给方面,我们需要对市场上的各类基金有一个认识。我们都知道,股票型基金高收益、高风险,债券基金其次,货币基金最低。

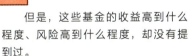

但是,这些基金的收益高到什么程度、风险高到什么程度,却没有提到过。

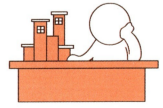

这一步我们就是要弄明白这个问题,我们可以利用历史资料来分析各类基金的风险和收益,比如可以用一类基金的所有成员的年平均收益水平来衡量该类基金的收益水平,用收益率的平均标准差或是波动率来衡量风险水平。投资者一般不用自己计算这些指标,一些咨询机构会公布相关数据。

3. 确定配置比例

接下来,我们就可以考虑在核心投资组合中引入哪些类基金,并给予一个什么样的投资比例。

从风险收益的角度考虑,风险收益由高到低的顺序为:股票积极配置基金、股票指数基金、混合基金、债券基金、保本基金、货币基金。

投资者可以根据自己的风险收益偏好,选择并配比,但是不要因为极端偏好就只选择其中一两种类型。

从投资者的特殊需要考虑,要求高流动性的不投资或较少投资保本基金、指数基金。

第 8 章
指数基金投资组合

要求本金保证可以较多考虑保本基金、货币基金；投资期限较短的，要较少考虑混合基金。

对于配置比例的确定，我们举一个简单的例子。比如投资者要求年平均 10% 的收益水平，并根据自己的需求选了股票积极配置基金、指数基金和债券基金，而历史上表现出的三种基金的平均收益水平分别为 15%、12% 和 7%。此时可以选择的配置比例有很多种，比如 20% 的股票积极配置、30% 的指数基金和 50% 的债券基金，平均收益水平为 10.1%。

此时，投资者还可以根据自己的喜好来调整比例，比如投资者偏爱指数基金，就可以先增加指数基金的比例，然后再调整其他两种基金的配比，比如可以调整为 10% 的股票积极配置、50% 指数基金和 40% 的债券基金，平均收益水平为 10.3%。

图解指数基金
极简投资策略